『西洋旅案内』初の現代語訳

福沢諭吉が見た150年前の世界

福沢諭吉 著／
武田知弘 訳・解説

彩図社

はじめに

福沢諭吉というと、言わずと知れた慶應義塾大学の創設者であり、時事新報の創刊者でもあり、実業家であり思想家です。

この福沢諭吉に対して、『学問のすゝめ』などの影響から「堅物の教育者」というイメージを持っている人も多いのではないでしょうか？

が、なかなかどうして、福沢諭吉は「冒険の人」でもありました。

若いころから故郷を飛び出し、長崎、大坂など当時の大都会で先進の学問「蘭学《らんがく》」を学び、日本が開国して欧米諸国との交流が始まると、ありとあらゆる手段を使って洋行使節団に紛れ込み、日本人としてはいち早く西洋の地を踏みました。

彼は明治維新までに実に三度も欧米を訪れているのです。

そして、彼は明治維新前の慶応3（1867）年に、おそらく日本史上初であると思われる欧米旅行のガイド本『西洋旅案内《せいようたびあんない》』を出版しています。『西洋旅案内』は、切符の買い方や両替レートについてまで細かく書いており、「元祖地球の歩き方」ともいえる本です。

はじめに

本書は、この『西洋旅案内』の現代語訳というのが、メインテーマとなっています。『西洋旅案内』は当時の時代背景を前提に執筆されています。世界各地の様子が今とは全然違うところもありますし、国名が変わっているケースも多々あります。そういう点については解説を加え、ストレスなく読んでいただけるように努めました。

また、この本だけでも十分に面白いのですが、諭吉は個人的な観光や現地の人との交流などについて、様々な本で断片的に記しているので、そうしたエピソードも適宜紹介しています。

たとえば文久元（1861）年の最初の渡欧に関して、諭吉は実際につけていた日記を『西航記《せいこうき》』というタイトルで後に発表しています。また諭吉の自叙伝である『福翁自伝《ふくおうじでん》』にも、欧米旅行のときの観光レポート的なものや個人的な現地の人との交流のことなどが書かれています。

なにしろ、外国のことをまったく知らない江戸時代のサムライたちが、いきなり欧米を訪れるのです。見るもの、聞くもの、触れるものはすべて驚きに満ちており、抱腹絶倒の失敗をやらかしたりもしています。

よく映画やテレビドラマなどで、昔の人がタイムスリップして現代にやってきて、いろんなものを見てびっくりするというようなシーンがありますが、まさにそういう感じなのです。「リアル・タイムスリップ」のエピソードが満載なのです。

これらの記事も参考に、幕末に書かれた『西洋旅案内』の世界へ、一緒に旅立っていきましょう。

福沢諭吉の生涯

欧米に渡るまで

◎儒学者の家に生まれる

まずは本文を理解しやすいよう、福沢諭吉が欧米に渡るまでの流れを、ご紹介しましょう。

福沢諭吉は天保5（1835）年に、豊前国中津藩《ぶぜんのくになかつはん》（現：大分県中津市）の福沢百助《ひゃくすけ》の次男として、大坂の蔵屋敷で生まれます。

父は藩の下級官僚を務めていましたが、儒学者でもありました。儒学というのは、忠君や清廉などを教える学問です。のちに諭吉は、西洋学という当時最先端の学問において第一人者になるのですが、明治新政府からどれだけ出仕を求められても決して官職につかなかったなど、どこか古武士のような頑固さを終生持ち続けていました。それは儒学者の家に生まれたことと無関係ではないように思われます。

諭吉が2歳のときに父が死去し、福沢家は大分に戻りました。父の死によって福沢家は困窮し、諭吉は幼少期から様々な手伝いをさせられたようですが、一方で四書五経などの漢籍をしらみつぶしに読んで、儒学を身につけていきます。

横浜に来航したペリー艦隊（1854 年）

◎蘭学を学ぶために長崎へ

安政元（1854）年、諭吉は蘭学《らんがく》を学ぶために兄と一緒に長崎へ遊学します。前年に浦賀に黒船が来航しており、一部では蘭学の人気が高まっていたのです。

しかし当時、長崎で蘭学を学ぶというのはかなり勇気のいることでもありました。蘭学は一部の知識階級からは最先端の学問として重宝されていましたが、世の中には「外国の学問を習得するなどもってのほか」という空気もあったのです。

そんな危険を冒してまで諭吉が蘭学を学ぼうとしたのはなぜでしょう？

諭吉は、「外国とうまく交際するために外国の事をもっと知ろう」という考えの持ち主でした。しかし、中津藩は大分の田舎にあり、諭吉の考えはなかなか理解してもらえなかったようです。また、中津藩は身分制度に厳しいところで、下級藩士の家に育った諭吉からすれば、「中津にいてもどうにもならない」という気持ちもありました。そこで親族の反対を振り切って、長崎に遊学したわけです。

遊学中は実家からの仕送りは期待できず、決して楽ではありませんでしたが、知り合いの仕事の手伝いなどをしながら、諭吉は蘭学者のもとをたずねていました。

その後、安政2（1855）年には大坂に赴き、緒方洪庵《おがたこうあん》が開いていた適塾《てきじゅく》に学びます。諭吉は勉学に秀でており、適塾では塾頭にまでなっています。そうそうたるメンバーがいる中での塾頭なので、かなりの秀才だったといえるでしょう。

◎福沢家の家督を継ぐ

安政3（1856）年、諭吉23歳のときに、兄が死去します。

それまで諭吉は、名義の上では跡継ぎのいない親戚の養子となっていましたが、急遽《きゅうきょ》、福沢家に籍が戻され、家督を継ぐことになりました。本来なら、家督を継げば中津藩の藩士としての職務を行わなければなりませんが、母が理解してくれたことで、大坂での蘭学修行を続けます。

諭吉の蘭学修行は進み、安政5（1858）年には、中津藩から江戸藩邸での蘭学の講義を命じられました。

幕末、外国への関心が高まる中、諸藩では蘭学者を重用する動きが強くなっており、中津藩も遅ればせながら、蘭学に力を入れることになったのです。そこで、適塾の塾頭にまでなっていた諭吉に白羽の矢が立ったのです。

このため諭吉は、江戸に向かい中津藩江戸藩邸で蘭学塾を開きます。そして諭吉は、中津藩士だけにではなく、蘭学を志す者に広く門戸を開きます。この蘭学塾が後の慶應義塾となるのです。

◎オランダ語を捨て英語を学ぶ

このころ、日米修好通商条約が締結されたことで、横浜に外国人商人たちの居留地がつくられていました。諭吉はそこをたびたび訪れたのですが、オランダ語がほとんど使われていないのを見て驚愕します。家や店の看板などもほとんどが英語かフランス語だったのです。

諭吉は「世界で通用するのは英語かフランス語」ということを思い知らされ、英語を独学で学び始めます。

適塾の仲間などにも英語の勉強をすすめましたが、ほとんどの者が「今まで学んだオランダ語を捨て、一から英語を勉強する気にはなれない」と応じませんでした。

諭吉にしても適塾で塾頭になるほど蘭学を習熟していたので、今更、英語の勉強をすることはかなり勇気のいる決断でした。が、諭吉がこのとき英語を独学したことが、その後の彼の人生を大きく変えることになります。

また諭吉は、『福翁自伝』の中で、「英語を勉強することは苦労して学んだ蘭学を捨てる事ではなかった。オランダ語と英語は文法もほぼ同じでオランダ語を読む力はそのまま英語にも応用できる」というようなことを述べています。

それにしても蘭学でさえ日本では先端過ぎて学ぶ人があまりいなかった時代に、さらにその先の英語を学ぼうというのだから、神がかった先見の明だといえます。

諭吉は、新しいものが好きで、未知のものへの好奇心が人一倍あった人物だったのでしょう。

◎幕府の使節に参加して欧米へ

そういう諭吉に大きな転機が訪れます。

安政6（1859）年に幕府が、咸臨丸《かんりんまる》という蒸気帆船で使節団をアメリカに派遣することを決めたのです。ペリーの黒船が到来してからわずか6年後に、今度は日本人が自ら蒸気船を運航してアメリカに赴こうというわけです。

この咸臨丸に、福沢は伝手《つて》を頼って艦長の従者としてもぐりこむことに成功します。こうして26歳にして、初めての海外旅行を経験するのです。

帰国後、諭吉は幕府の外国方《がいこくがた》という役所に登用されます。外国の文書を翻訳したり、日本の外交文書をオランダ語に訳したりする仕事です。渡米中に、諭吉の言語能力を知った咸臨丸の艦長が幕府に推薦したのです。

その2年後の文久元（１８６１）年の暮れには、幕府の文久遣欧使節団の一員としてヨーロッパに派遣されます。今度は、誰かの従者として紛れ込んだわけではなく、通訳として正式な役目を与えられての渡欧となったのです。

諭吉28歳、これでもう二度目の洋行となります。

この文久遣欧使節団は、イギリスの大型船でインド洋を渡り、約1年をかけてヨーロッパ6か国を歴訪するというものでした。文久２（１８６２）年の暮れに帰ってきます。

さらにその6年後の慶応３（１８６７）年には、アメリカへ軍艦受け取りの委員の一人として、再度、渡米します。このアメリカ行きは自力の航海ではなく、アメリカの民間船舶による船旅でした。

なんと明治維新が起きる前に三度の洋行をしているのです。

が、この二度目の渡米のときに、諭吉は上官と衝突することがあり、帰国後、外国方の仕事をお役御免となります。そして時間ができたので、欧米旅行のガイド本である『西洋旅案内』を刊行したというわけです。

駆け足で、諭吉が『西洋旅案内』を刊行するまでの経緯を追いました。そろそろ、内容に触れていきたいと思います。それでは福沢諭吉と一緒に「19世紀の欧米」への船旅に出かけましょう。

福沢諭吉が見た150年前の世界【目次】

第二章　アジア、アフリカを巡ってヨーロッパへ

第三章　サムライたちのヨーロッパ珍道中

第四章　アメリカ航路の案内

第五章　サムライたちのアメリカ珍道中

第一章 世界旅行の心得

1 外国へ行くこれからの日本人へ

『西洋旅案内』

現代語訳

『論語』に、「とも遠方より来《きた》ることあり、また喜ばしからずや」という言葉がある。確かに、誰かが遠くから訪ねてくれることはうれしいものだ。

しかし、人はただ友が来るのを待っているだけじゃなく、自分からどこかへ行きたくなるものである。

私は生まれつき、旅行が好きな性分で、幸運にもその機会に何度も恵まれた。

万延元（1860）年にはカリフォルニアに航海し、文久元年（1862）年にはヨーロッパ諸国をまわり、今年（1867年）はまたワシントン、ニューヨークへと、これまで3回も外国旅行をしてきた。

旅の間には、いろいろ珍しいものを見聞きし、その国々の人情や風俗もわかり、人生の心得となることもたくさんあった。

（鎖国していた）日本も、これからどんどん外国人と親しくなるはずだ。

ことに、去年（１８６６年）の夏は、海外への渡航が自由になり、客船のアメリカ航路も開設された。いよいよ、お互いの親交が深まる気配になっており、これから外国へ行く日本人も必ず多くなるはずだ。そういう人たちのガイドとして、外国航路の客船の様子、乗船するときの注意事項などなど、自分が経験してきたことや、旅行中につけていた日記、洋書で調べたことなどを、この『西洋旅案内』にまとめた。

この本は、外国に行ったことがない人のために書いたものであり、ごく基本的なことを書いている。だから、外国に行ったことがある人にとっては、不必要のものである。

私が願うのは、日本人の多くが外国に行くようになり、誰にとっても、この本が不必要になることである。

慶応３（１９６７）年丁卯《ひのとう》８月　福沢諭吉

福沢諭吉。1862年にパリで撮影

解説

明治を代表する知識人とされる福沢諭吉は、好奇心の人であり旅の人でもありました。「はじめに」で述べましたように、諭吉が最初に欧米に渡ったのは明治維新の8年前である1859年。そして、明治維新までに計三度も欧米を訪問しているのです。

これは、福沢諭吉がいち早く英語をマスターしていたために、幕府から重用されたという面が大きいのですが、諭吉自身も「欧米を自分の目で見てみたい」という明確な意志を持っていたものと思われます。

幕末、尊王攘夷運動が荒れ狂う中で、吉田松陰をはじめ「自分で欧米に行ってみたい」と思う若者も数多くいました。その日本人の好奇心、向学心が維新後の日本の発展につながったといえるでしょう。

なお諭吉は『論語』の引用として「とも遠方より来ることあり、また喜ばしからずや」と述べていますが、正確には「喜ばしからずや」ではなく「楽しからずや」です。

2 世界各地域の特徴

『西洋旅案内』

現代語訳

世界の形は丸くて球のようになっている。

だからこれを地球という。

この地球の中に海があり、陸地がある。

この陸地は大きく五つに分けられ、五大州（五大陸）と名付けられている。

第一にアジア州、第二にヨーロッパ州、第三にアメリカ州、第四にアフリカ州、第五にオーストラリア州である。

アジア州の中には、日本、シナ（中国）、インド等の国々があり、金、銀、銅、鉄、材木、絹糸、綿、茶、砂糖など産物に恵まれている。

アフリカやオーストラリアにも産物は多いけれど、現地の人たちがあまり優秀ではなく、学問の制度も整えられておらず、科学技術は遅れており、一言で言えばダメな国柄である。

世界でもっとも学問の制度が整えられ、人が乱暴ではなく、軍事力があり、礼儀正しく、国が富んでいるのはヨーロッパとアメリカである。彼らは天然資源は少ないけれど科学技術によって物を作り、陸上には蒸気機関車を走らせ、海には蒸気船を浮かべ、便利な生活をし文武ともに栄えている。ことにイギリス、フランス、ドイツ、オランダ、アメリカなどはいずれも貿易に励み、すでに中国、日本とも条約を結んでいる。またインド周辺の島々には彼らが領有している地域もたくさんある。

彼らの何千もの商船がアジア州を往来し、この地でのビジネスを日々拡大させているのは、そもそもアジアに産物が多いためである。

すなわちアジアは世界第一の貿易地域といえる。

解説

地球が丸いということは、戦国時代にはすでに宣教師などから日本に伝わっており、地球という言葉も戦国時代あたりから使われていました。

しかし、それは一部の知識階級のことであり、江戸時代の人たちがみな地球は丸いことや、地球という言葉を知っていたわけではありませんでした。だから諭吉は、最初に我々の住んでいる地球というものの説明をしているわけです。

そして、

・この地球には五つの大陸があり、我々はそのうちのアジア大陸に住んでいるということ
・各大陸には様々な人たちがいて様々な生産物があること
・アジア地域はいろいろな資源や収穫物があるので西洋人たちが今、こぞってここで貿易をしていること

などを紹介しています。

「アフリカは科学技術が遅れていてダメな国」などという文言は、もし今使えば差別として徹底的に叩かれると思われます。

諭吉は、蘭学や英語を学び、日本人としていち早く西洋文化に触れていますので、その分、欧米への憧憬が深いようです。その代わり、欧米以外の国々に対してはかなり手厳しいのです。

ここではアフリカのことを述べていますが、この後、諭吉はアジア諸国などもけちょんけちょんにけなすことになります。当時のアジア、アフリカの地域は、江戸時代の日本よりも文化的に遅れているところが多く、欧米の文化に感激した反動で、アジア、アフリカのことはよりみすぼらしく感じたようです。そういう時代的な背景を配慮しつつ、この先、読み進めていただければと思います。

3 日本からヨーロッパまでの道のり

『西洋旅案内』

現代語訳

日本で外国人のことを西洋人というのは、ヨーロッパやアメリカの人が日本に貿易をしにくる場合、西の方から来るからである。

この西洋の人々が東方のアジアと交易をする場合、元来、帆前船《ほまえせん》によってヨーロッパからアフリカの喜望峰を回ってきていた。

しかし急用の品物を送るときや、商人が行き来する際には、帆前船で喜望峰を回るルートは時間がかかりすぎるので、先年にイギリス、フランスの商人たちが共同で、アジアとヨーロッパをつなぐ蒸気船による定期航路を開設した。

これは非常に便利なもので、中国、日本からヨーロッパへは海上の天候に関わらずだいたい60日で行けて、そこからアメリカまでは10日あまりで到着する。もっともヨーロッパからアジアまで一つの船で直行できるわけではなく、いくつかの船を乗り継いでいくことになる。

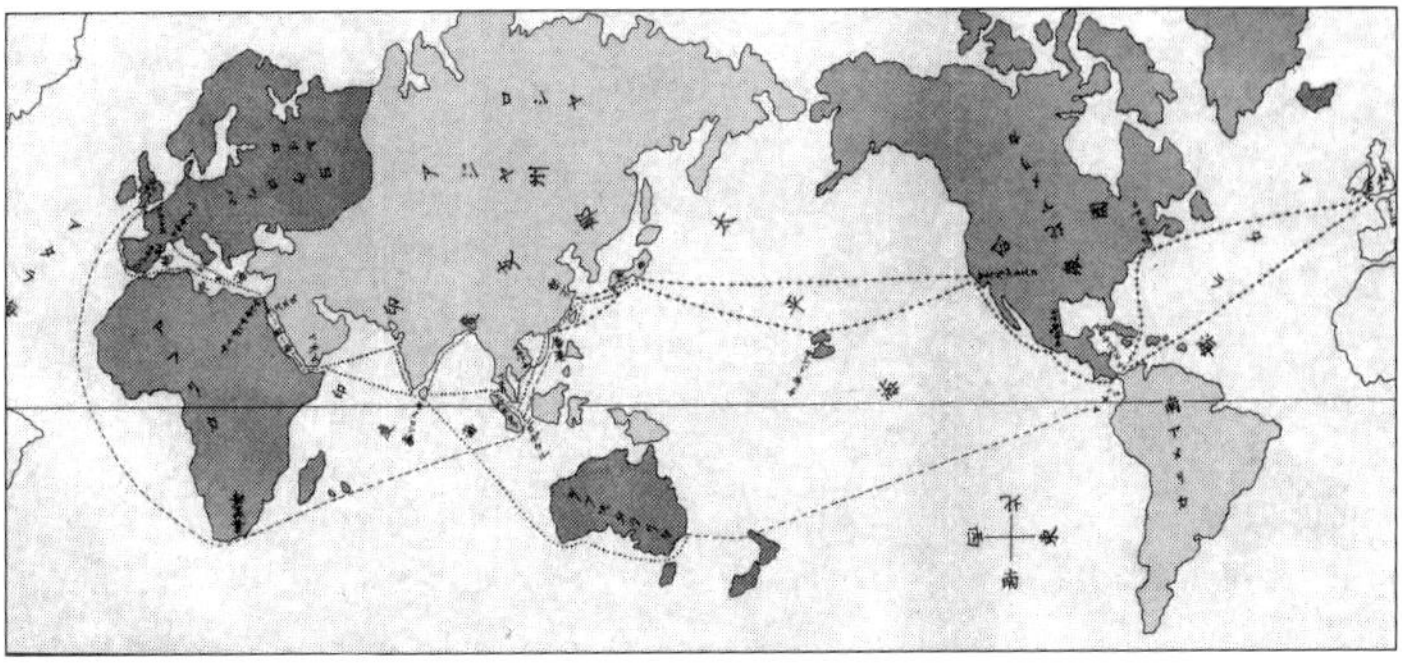

『西洋旅案内』所収の世界地図

その乗り継ぎの場所と距離は以下の通りである。

・横浜から上海
　…約550里（約2200キロ）
・上海から香港
　…約450里（約1800キロ）
・香港からシンガポール
　…約750里（約3000キロ）
・シンガポールからセイロン（スリランカ）
　…約750里（約3000キロ）
・セイロンからアデン（アラビア半島南端）
　…約1000里（約4000キロ）
・アデンからスエズ（エジプト）
　…約600里（約2400キロ）

そしてスエズから上陸し、蒸気機関車に一日乗り約400キロばかり行けば、地中海に出る。この地中海の港はアレキサンドリアという。

ここからまた船に乗りフランスのマルセイユに着くか、ジブラルタル海峡を通ってイギリスのサウスアンプトンに着く。

またアメリカに行く場合は、イギリスのリバプールという港か、フランスのル・アーヴルという港から毎日、定期船が運航しており、10日ほどでニューヨークというところに着く。

解説

諭吉が欧州旅行をした文久元（1861）年には、まだスエズ運河は開通しておらず、またトルコから直接ヨーロッパをつなぐ鉄道も開通していませんでした。

だからアジアからヨーロッパに行くには、アラビア半島のアデンというところまで船で行き、そこから鉄道でエジプトのスエズまで行き、そこでまた船に乗ってヨーロッパに上陸するというのが一般的なルートでした。60日もかかるという長旅でしたが、それ以前の喜望峰ルートに比べれば格段に早く行けるようになったのです。

アジアから少しずつ西上し、アラビアやアフリカをかすめてヨーロッパに達するこの大旅行は、まさに世界というものを肌で感じる体験だったことでしょう。

4 新興国アメリカが新航路を開拓

『西洋旅案内』

現代語訳

科学技術が発展し世界中の交易が盛んになった中、特にアメリカという国の繁栄ぶりは著しい。商業においては、イギリス、フランスなどの国々をしのぐほどである。

このたび、そのアメリカの商人たちが共同して太平洋に大型蒸気船による定期航路開設の計画を立てた。そして昨年（1866年）の冬、すでに一隻が就航し日本にも渡来している。その船の名はコロラドといい、私もこの大船に乗ってアメリカに行ったのだ。

アメリカの商人たちは、この「コロラド」のほかに「ゲレイトレポプリク」「セレスチャルエムバイル」「ニホン」「アメリカ」という計5隻の船を建造し、太平洋航路に就航させている。5隻とも3000トンをこえる大船である。

これまで欧米の人たちはアジアと交易をする際には、インド洋を渡っていた。が、元来、世界の形は丸いものであり、西から行くのも東から行くのも行き着く先は同じである。

だからアメリカからアジア諸国に行くには西を行くこともできるし、そちらの方がヨーロッパを経由するより便利である。アメリカの商人たちは、そう考えて太平洋航路を開設したのである。

この定期航路でアジアから西洋諸国に行く場合の乗り換え地点と距離は以下の通りである。

・香港又は上海から横浜まで　約550里（約2200キロ）
・横浜からサンフランシスコまで　約2500里（約1万キロ）
・サンフランシスコからパナマまで　約1500里（約6000キロ）
・パナマからニューヨークまで　約1000里（約4000キロ）

パナマは北アメリカと南アメリカの境であり、ここに上陸して80キロあまりの距離を鉄道で約6時間かけて通過し、アメリカ大陸の東側のアスピンウォールという港に出る。ここから定期船に乗ってニューヨークへ行く。

ニューヨークからヨーロッパへ行くには、ヨーロッパからアメリカへ行くときと同じように、毎日運航している定期船に乗り、10日間ばかりでイギリスのリバプールかフランスのマルセイユに到着する。

西洋諸国とアジア諸国を行き来する場合には、この太平洋航路も、インド洋航路も日数はほとんど変わらない。

またインド洋航路は季節に関係なく非常に暑く、船中での生活は難渋する。だから今後は、西洋の人々がアジアに来る場合、荷物はインド洋航路を使って送ったとしても、人は太平洋航路を使うことが多くなると思われる。

そうなれば、日本人はこれまで外国人のことを「西洋人」と呼んでいたけれど、今後は彼らは東から来ることになる。かといって彼らのことも東洋人というのも理屈に合わない。このように、世の中のことはどんどん変わっていくものだ。

解説

当時のアメリカは、まだイギリスから独立してから100年も経っていない若い国でした。しかし国土の豊かさと高度な西洋文明を武器に、飛ぶ鳥を落とす勢いで発展していました。ヨーロッパ諸国がインド洋を渡ってアジアと交易するのをしり目に、アメリカは太平洋を渡ってアジアと交易しようと試みはじめたのです。日本を開国させたのも、その試みの途上のことでした。アメリカは太平洋を新しい交易路として開拓し、定期航路まで開設したのです。

日本もその恩恵を受けて、アメリカに容易に渡ることができるようになり、アメリカ経由でヨーロッパにも行けるようになったのです。

5 船の料金はいくら？

『西洋旅案内』

現代語訳

日本から外国（欧米）に行くには、インド洋航路で行くにも、太平洋航路で行くにも、手続きは同じことである。

その方法は以下の通りだ。

◎チケットの買い方

船賃は到着地までの料金を前払いすることになっている。

横浜にいる外国人の中に定期船乗船の手配をするものがおり、この者に金を払って船便の切手（チケットという）を受け取り、この切手を乗船するときに持参し船賃支払い済みの証拠とするのだ。

船賃は次の通りである。

・横浜からインド洋の定期便でフランスのマルセイユかイギリスのリバプールまで行く場合
一番の客　７２０ドルあまり（現在の貨幣価値で４３２０万円から７２００万円）
二番の客　５００ドルあまり（現在の貨幣価値で３０００万円から５０００万円）

・横浜から太平洋の定期便でアメリカのニューヨークまで行く場合
一番の客　４３０ドルあまり（現在の貨幣価値で２５８０万円から４３００万円）
二番の客　３１０ドルあまり（現在の貨幣価値で１８６０万円から３１００万円）

横浜からインド洋便でヨーロッパへ行くより、横浜から太平洋便でアメリカに行く方が船賃はかなり安いが、太平洋便は食事が粗末でありしかも酒の代金は別料金なので、両方ともだいたい同じくらいになる。

・アメリカからイギリス、フランスへ行く場合
一番の客　１３０ドルあまり（現在の貨幣価値で７８０万円から１３００万円）
二番の客　75ドルあまり（現在の貨幣価値で４５０万円から７５０万円）

一番、二番の客のほかに、デッキパッセンジャーなどという最下等の客もある。この船賃は、非

常に安くおおよそ150ドル（現在の約900万円）でヨーロッパまで行ける。サンフランシスコまでは50～60ドル（現在の300～600万円）である。

しかし、船中の食事が粗末なことは言うまでもなく、寝る場所もあるかないかという状態であり、はなはだ難渋である。

船中に持っていける荷物は、インド洋の定期便は一人分約135キロ、太平洋便は約113キロまでである。これ以上の荷物がある場合は、約3・75キロにつき1ドルの追加料金となる。

しかし着替えの入った風呂敷包みなどを携えている場合は、その重量までは換算されない。また大きな荷物を積み荷として船底に積み込む場合は、荷物の料金が少し割安になる。

解説

ここで諭吉は海外に旅行する際のチケットの買い方を説明しているわけです。これを見ると、やはり目につくのは旅行料金の高さですね。

現在の貨幣価値に直すと、上客として横浜からインド洋便でヨーロッパに行く場合は、1億円近いお金がかかることになります。現在の感覚から見ればかなり高いものです。

が、当時は今よりまったく交通が発達しておらず、この定期船もようやく月に1回程度の運航を

◎欧米行きの定期船料金一覧　チケットは前払い制

出発地	目的地	料金		現在の貨幣価値
横浜（日本）	マルセイユ（フランス）/リバプール（イギリス）インド洋経由	1番の客	約720ドル	4320万〜7200万円
		2番の客	約500ドル	3000万〜5000万円
		デッキパッセンジャー	約150ドル	約900万円
	ニューヨーク（アメリカ）太平洋経由 ※酒代含まず	1番の客	約430ドル	2580万〜4300万円
		2番の客	約310ドル	1860万〜3100万円
	サンフランシスコ（アメリカ）	デッキパッセンジャー	約50〜60ドル	300万〜600万円
アメリカ	イギリス/フランス	1番の客	約130ドル	780万〜1300万円
		2番の客	約75ドル	450万〜750万円

していることから見てもこれくらいの料金はかかったのでしょう。

　また当時は当然、旅行代理店などもなかったので、日本に来ている外国商人が船のチケットの手配なども行なっていました。その中には食わせ者もいて、騙される日本人もかなりいたようです。

　戦前大蔵大臣などを務めた高橋是清も幕末に洋行していますが、彼は仙台藩の藩命でアメリカに留学していながら、実は奴隷契約を結ばれており、現地で奴隷として働かされた時期があったそうです。

　当時、海外に行くことは、費用がかかる上に、非常に大変だったということでしょう。

　諭吉は海外旅行ガイドとしてこれを書いているのですが、実際は一般の人が到底行ける料金ではありませんでした。

それでも日本人は昔から好奇心が強く、それだけのお金を払っても海外に行くという人もけっこういたようです。

諭吉が行った3回の海外旅行はいずれも官命による使節団の一員としての参加でした。外交使節団であったため、幕府としても、お金をケチるわけにはいかず、諭吉も上客として旅行できたようです（ただし3回のうち1回は、幕府の咸臨丸による航行）。

だから諭吉としては、別に料金の心配はする必要はなかったのですが、生来の好奇心から各ランクの船代を詳細にチェックしたようです。

しかも「太平洋便の方が料金は安いが食事は粗末で酒は別料金」などとわざわざ書いています。謹直なイメージのある福沢諭吉ですが、酒には目がありませんでした。なので、酒代が別料金というのは特に注意すべき点だったのでしょう。

6 外国のお金はどうやって手に入れる？

『西洋旅案内』

現代語訳

横浜、長崎、函館などでの外国商人に使えるお金は、メキシコ・ドルである。メキシコ・ドルというのは、アメリカの隣国のメキシコという国の通貨である。交換レートは日によって違うが、だいたいメキシコ・ドルの1ドルが日本の「三分《ぶ》」くらいだ。外国では日本のお金はまったく通用しないので、外国に行く際にはこのメキシコ・ドルを持っていかなければならない。

しかし、渡航費用分をこのメキシコ・ドルで持っていこうとすると、かなり重い荷物になる。海外航路の船にお金を預けて現地で受け取るという方法もあるが、100ドルにつき1ドルも手数料を取られる。

だから、外国へお金を持っていくには、為替を利用するべきである。

為替を利用する方法はいろいろあるが、昨今、もっとも一般的なのは、イギリスの銀行の為替証

イギリスがもうけた香港上海銀行の長崎支店（明治時代の絵葉書）

書を買うことである。

　イギリスの首都ロンドンには、大きな為替問屋（外国為替銀行のこと）がいくつもあり、それらは世界中に支店を出している。すでに横浜、長崎にも支店がある。

　その支店にお金を持っていけば、その相場分のイギリス通貨ポンドの為替証書を発行してくれる。この証書をロンドンの本店に持っていけば、正金と交換してくれる。ロンドンの本店ばかりじゃなく、世界中の支店でも同様の取引をしてくれる。

　またこのロンドンの銀行の為替証書は、支店を探さなくても、世界中の至る場所で市中売買がされている。

たとえて言えば、世界中に通用する「銀札《ぎんさつ》」である。

解説

海外旅行に持っていくお金のことを詳細に説明したものです。

横浜、長崎、函館で使うことのできたメキシコ・ドルというのは、16世紀にスペインがメキシコでポトシ銀山を発見して以降、メキシコを中心に南アメリカのスペイン旧植民地で大量に作られた銀貨のことです。アメリカ・ドルは、このメキシコ・ドルを真似てつくられたものです。

このメキシコ・ドルは、ヨーロッパの物価を大きく上昇させたと言われるほど大量に出回りました。貿易などにも広く使われ、アジア地域の国際決済でもメキシコ・ドルがもっともよく使われていました。日本では一分銀《いちぶぎん》3枚につき、メキシコ・ドル一枚が交換レートとして定められていました。

一分銀3枚というのは、日本では長屋の家賃の半年分程度、そばが200杯食べられる程度の価値がありました。現代の貨幣価値にすると6万～10万円程度というところかと思われます。

当時の海外旅行は、短くても数か月はかかり、半年以上かかることも普通だったので、相当のお金を持っていかなくてはなりませんでした。メキシコ・ドルはかなり高額ではありましたが、それでも相当数を持っていく必要があったのです。

そのため諭吉は、重荷になるので為替にした方がいいと勧めています。

ロンドンに大きな為替問屋があるというのは、シティーのことだと思われます。イギリスの金融街として有名なシティーは、この当時からすでに世界の金融を牛耳っていて、その為替手形は「世界通用の銀札である」と表現されています。銀札というのは、銀の引換証のようなもので通貨と同じような使われ方をしていました。

7 船内の様子

『西洋旅案内』

現代語訳

西洋で船の大きさを表す場合は、トンを用いる。日本で船の大きさを表すとき、荷物の積載量を石数で表すのと同様である。

トンというのは、米6石あまりの重さにあたる。だから1000トンの船といえば、6000石あまり積む船である。

ヨーロッパへの定期便はだいたい2000トンから4、5000トンの大船なので、荷物もたくさん積めるし乗客の数も多い。

定期船の中の様子は、インド洋航路の船も太平洋航路の船もだいたい同じなので、今回、私が乗った太平洋航路の定期船「コロラド」の模様を簡単にご紹介したい。

船の大きさは3700トン、長さ60間（約108メートル）、幅8間（約14、15メートル）である。

蒸気エンジンの力は非常に強く、向かい風でも一昼夜に120〜130里（480キロ〜520キロ）も走る。

船の南側にはライフボートといって小舟が10槽ほど備え付けてある。この小舟は底に仕掛けがあって、船が水に入っても沈まないようになっている。

もし本船が難破したときには、このライフボートによって助かる仕組みになっている。そのためライフボートの中には、平常から飲み水、パン、コンパスなどが常備されている。いつなんどき事故が起きてもこれに乗り移れば飢えや渇きの心配もなく、漂流している位置も確認できるようになっているのだ。

また船中の各人の寝床には、浮袋の用意がされている。これも非常用のものである。

解説

ここで諭吉は、欧米の船がいかに大きいかを紹介しているわけです。

江戸時代、大船の代名詞となっていたのが「千石船」であり、その名の通り千石の荷を積める船です。しかしヨーロッパ行きの定期便に用いられた西洋船は、2000トン（1万2000石）以上なので、日本人にとって大船だった千石船のさらに10倍以上の大きさがあったわけです。

当時の日本人にとっては山のように大きく見えたことでしょう。

また諭吉は、船の大きさを紹介したすぐ後に、救命ボートや救命具の説明をしています。この当時から欧米の船には、今と同じような救命対策が取られていたわけです。おそらく諭吉にとって、それは「文明」を強く感じさせるものだったのでしょう。

8 上客の部屋は至れり尽くせり

『西洋旅案内』

現代語訳

船の乗組員は、船長以下、水夫、料理人、ボーイなど100人以上おり、船の中の一切のことを取り仕切っている。

旅客は1000人ばかりで、船賃によって上中下の区別がある。

上客の船室は船の後部にあり、一部屋の広さは4畳半くらいである。

三段の寝床棚（三段ベッド）がおいてあり、基本は三人相部屋である。ただし、船の構造によって二人部屋もある。また乗客が多いときは、ベッドを持ち込んで五人部屋とすることもある。寝床棚（ベッド）の大きさは、縦180センチ、幅60センチくらいである。

船室には、洗面所やコップ、タオル、トイレなどが完備しており、寝床の準備や清掃などは係りの者が全部やってくれる。清掃は行き届いており船室にはチリ一つ落ちていない。

毎朝、掃除が終われば、四つ半時（10時くらい）に船員の上官や医師が船内の点検をしている。

気分が悪いときなど食事を部屋に取り寄せることもできるし、頼めばお茶なども持ってきてくれる。しかし部屋の中での煙草は厳禁である。船の中ではあらゆる場所で火に注意されており、消火のための道具も十分に用意されている。たまに不意に火事の鐘を鳴らして訓練をすることもある。

解説

諭吉は日本の使節団の一員として乗船しているので、この上客の客室に入っていたものと思われます。

これを見ると、現在の豪華客船の客室とほぼ変わらないことがわかります。船室内はきれいに清掃されていて、ホテルのようにボーイがいて頼めばなんでもしてくれるのです。上客は、部屋に食事を持ってきてもらうこともできてお茶も持ってきてくれるなどという、まるで殿様のような生活ができたわけです。

9 上客の食事は豪勢だけれど…

『西洋旅案内』

現代語訳

食事は朝昼夕の三度であり、朝の食事をブレッキフアスといい、昼をロンチンといい、夕をヂンネルという。朝は茶を飲み食事の品数は10品ばかりである。昼も朝と同様で、ちょっとブドウ酒がつく程度で特別なご馳走ではない。

夕方の食事は三度の食事の中でもっとも豪華である。いろんな品が30～40種類もあり、酒もたくさん用意されゆっくりと飲食する。

食事の内容は三度とも、肉類、魚類、ご飯、パン。そして食後には蒸し菓子、果物がつく。すべての料理は日本よりもかなり丁寧につくられている。

ただし、日本で日ごろ肉食に慣れていない人は、船に乗るときに漬物、しょうゆ、そのほかの食べ物を少し用意したほうがいい。西洋風の食事ばかりでは、はじめの20、30日の間は困るものである。

食事をする場所には、幅3尺（約90センチ）ばかりの長い台がいくつもあり、その上に料理の品や各人の皿、茶碗などが並んでいる。この台のことをテイブルという。

食事をする者は10人も20人も一つのテイブルに寄り集まり、椅子にすわって飲食をする。

解説

江戸時代、日本人は肉食をあまりせず、ほとんどの日本人は肉を食べたことがありませんでした。だから慣れない人は、船内の食事で非常に苦労したようです。

しかし、幕末には、江戸や京都、大坂などでは牛鍋や鶏鍋を出す店もあり、都会の人は肉食をしたことがある人もかなりいました。諭吉は、大坂の緒方洪庵の塾で学んでいたときなどに肉料理を覚えたようです。諭吉の自伝『福翁自伝』には、「医学の勉強のため豚の頭をもらってきて解剖した挙句、最後は食べた」という記述もあります。

だから諭吉は、西洋の料理にすぐに慣れることができたのでしょう。

「すべての料理は日本よりもかなり丁寧につくられている」という文言からも、諭吉が西洋の食事をとても楽しんでいたことが窺えます。

10 西洋の食事マナー

『西洋衣食住』

現代語訳

西洋人は、食事に箸は使わない。

肉類その他の品々は、大切りにされて平皿に盛られ、各人それぞれの前に並べられる。右手に包丁を持ってこれを小さく切り、左手の肉刺しにつっかけて食べる。包丁の先に物を載せてじかに食べるのは行儀が悪い。

汁物もやはり平皿に入れてあり、サジで吸う。汁物やそのほかお茶を飲むのも、口で音を出すのは行儀が悪いこととになる。

この図は、一人前の皿茶碗などを並べているものである。大勢で会食するときは一つの食事台に、20人も30人も席

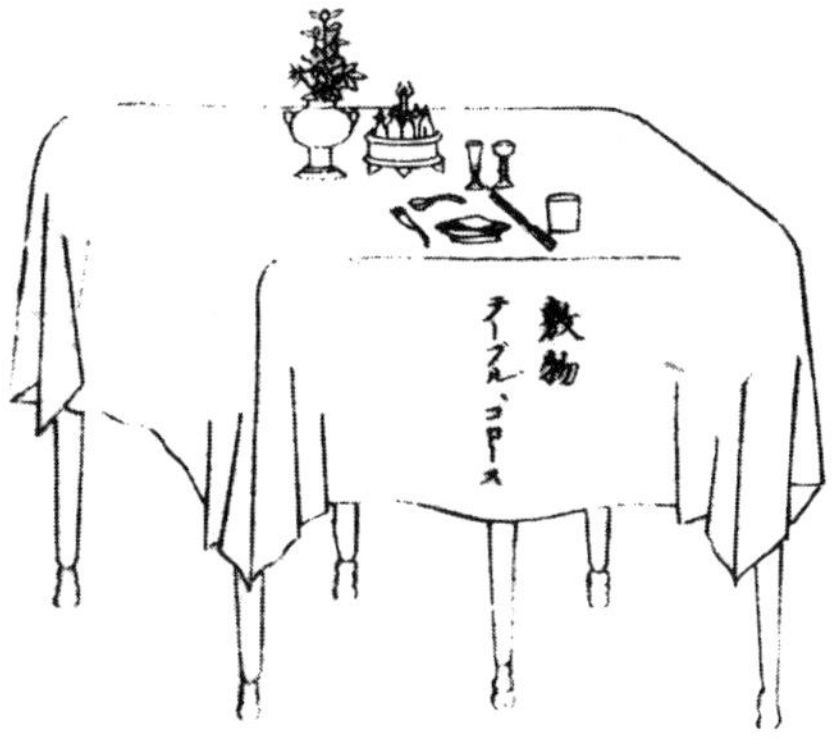

『西洋衣食住』所収のテーブルの図

を連ねることもある。

食事道具の名は左図の通りである。

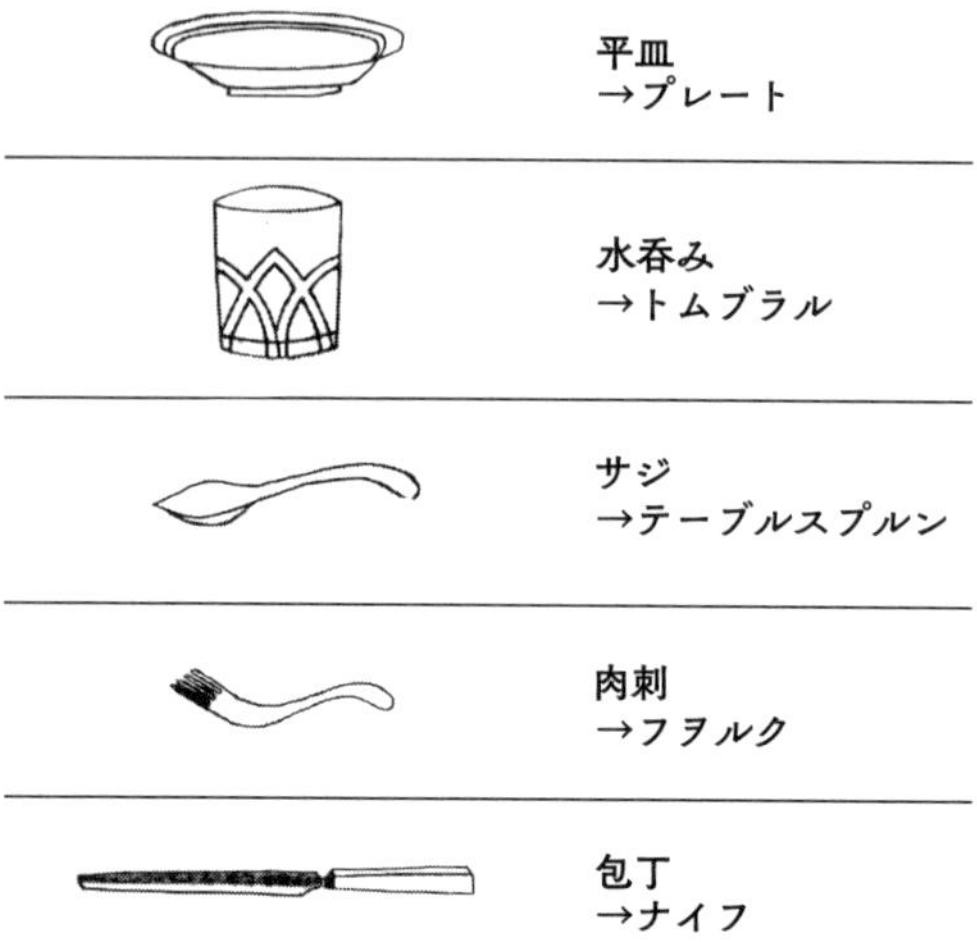

『西洋衣食住』所収の食器道具の図

日常の食事には、赤ブドウ酒またはシェリー酒、ポルトワインを飲むのだが、祝日や客をもてなすときにはシャンパンなどの美酒を飲む。

甘い酒（リキュール）やブランデイという酒は食後に小さいコップでちょっと飲むものである。

ほかにビィールという酒がある。これは麦の酒で、味はいたって苦いのだが、飲むと胸を開く感じがして妙な酒である。人によってはこの苦い味が好きで、愛飲する者も多い。

ウィスキー、ブランデイなどという酒は非常に強く、食事のときには飲まない。ほとんどは下層の人たちが飲むものだ。

解説

この文章は、『西洋旅案内』ではなく、『西洋衣食住』という本に載っていたものです。『西洋衣食住』は『西洋旅案内』とほぼ同時期の慶応3（1867）年に発刊された小冊子の体《てい》の本です。この『西洋衣食住』の発刊に際しては諸々の事情があったようで、諭吉は「片山淳之介」というペンネームを使っており、のちに自分が書いたものであることを公表しています。

この『西洋衣食住』は、その名の通り西洋の衣食住について紹介したものです。ここでは、食についての部分だけ抜粋しています。

諭吉は西洋の食事の方法や食事内容を紹介しているのですが、その文面から当時の武士の戸惑いぶりが感じられます。

お察しのこととは思いますが、ここでいう「包丁」というのはナイフ、「肉刺し」というのはフォークのことです。この言葉遣いは時代の雰囲気を反映していると思ったのであえて、現代語訳せずにそのまま使いました。

水呑みのことを「トムブラル」と書いていますが、これはtea bowlのことかと思われます。

この文章を読めばわかるように、なぜか諭吉は食べ物の名前や味などについてはほとんど触れていません。食べ物の名前に興味がなかったのか、よく聞き取れなかったのかその辺はわかりません。その一方で、酒については、ポルトワイン、リキュール、ビール、かなり細かく名前や原料、味などが書かれています。

これは、諭吉が酒好きであったことが影響しているようです。

諭吉には謹直なイメージがありますが（実際に女性絡みの遊びなどは一切しなかったようです）、その一方でかなりの大酒飲みだったようです。『福翁自伝』には、子どものころちょんまげを結うために頭髪を剃る「月代《さかやき》」というのを非常に嫌がっていたのだけれど、酒を飲ませると言われれば黙って頭髪を剃らせた、というエピソードが書かれています。

また30代のころまでは、客が来れば朝から酒を飲むこともあったそうです。

ともかく諭吉は酒には目がなかったのです。

この中の「ポルトワイン」というのは、ポルトガルのポルト港から出荷される酒類のことで、ワインにブランデーを混ぜてつくられるものです。独特の甘みがあり、食前酒、食後酒として用いられることが多いです。

ビールについては「苦いが飲むと胸が開く感じがする妙な酒」という表現をしています。ビールを初めて飲んだ人は、まさにこういう感じ方をするという文章ですね。

また諭吉は、「ウィスキー、ブランデイは下層の人たちが飲む酒」と述べており、現代の我々から見ればちょっと奇異に感じます。今の日本では安い酒といえば、焼酎などであり、ウイスキー、ブランデーなどは酒としては高い部類に入ります。が、日本でウイスキー、ブランデーが高級酒になったのは、日本が長年洋酒に高い税金を課してきたからです。欧米の人たちから見れば、ウイスキーやブランデーというのは、日本人にとっての焼酎と同じように、安く飲める酒だったのです。

11 粗末な中客と下客の部屋

『西洋旅案内』

現代語訳

中の客の船室は上客の船室の下にある。部屋は粗末で、食事も上客と同じではないが、それほど見苦しいわけではない。

下の客の船室は、船の先方にあり、下働きの船員などとも一緒に生活しており、寝床ともいえないような粗末な場所で寝起きしている。食べ物も粗末であり、手洗いの水も自由に使えない。下流の生活に慣れた者でないと、我慢できないだろう。

解説

昨今では、長距離の船では、富裕層と、一般の人たちでは乗る船自体が違うことが多いものです。一般の人たちは普通のフェリーを使いますが、富裕層は豪華客船などを使います。だから、富裕層と一般の人が同じ船に乗るということはあまりありません。また衛生的な規制もあり、欧米や先進国の船では、普通のフェリーであってもそれほど粗末な環境の船はありません。

しかし、当時の船は金持ちも貧乏人も同じ船に乗っており、船の中での設備もかなり違いがあり社会の縮図のような待遇の差があったようです。

上客はチリ一つない船室で給仕が何から何まで世話をする一方、下のクラスの客は粗末な部屋で船員に交じって雑魚寝をしていたというのです。映画『タイタニック』などで描かれた19世紀の長距離船旅の世界そのものですね。

幕末期の伊藤博文。1863年に欧米へ秘密裏に留学した

幕末にはかなりの日本人が欧米に渡っていますが、福沢諭吉のように幕府代表だった場合は、上客か中客の切符で行くことが多かったようです。が、長州藩の秘密留学生などは、下の切符のこともありました。伊藤博文らは下の船室に入れられただけではなく、水夫の手伝いまでさせられたそうです。

12 欧米人はレディーファーストを尊ぶ

『西洋旅案内』

現代語訳

定期航路の船は乗合船《のりあいぶね》なので（貸し切りではないので）、世界中の旅客が一緒に生活することになる。

親子連れもいれば、夫婦もおり、老人も子どももいる。

酒を飲んで歌を歌うこともあれば、お茶を飲んで議論をすることもある。

本を読む者、カルタをする者もいるし、田舎者が地元の自慢をしたり、将棋を指している人が負けて悔しがることもある。

笑う者、泣く者、からかわれる者、嫌われる者もいる。そのありさまは、日本の乗合船と少しも変わらない。

ただ西洋の場合は、婦人を丁寧に扱い、礼儀正しい文化があるので、はじめて船に乗る人は心得ておきたい。婦人に対して失礼なふるまいをするのはもちろん、男同士でもあまり卑猥な話をしてはならない。

人が見ているところで上半身裸になったり、素足を出したり、婦人の前で煙草を吸ったりするのは非常に失礼なことになる。

このことは船中に限らず欧米での一般的な風潮なので、上陸した後も忘れてはならない。

解説

ここで述べられている「乗合船」というのは、貸し切りではなくお金を払えば誰でも乗せる船のことです。江戸時代の日本でも、各地の川渡しや瀬戸内海、近海の運航などで「乗合船」はありました。そういう船には、各地からいろんな身分の人が乗ってきてカオスな雰囲気となったのでしょう。

そして欧米の定期船も乗合船と同様に、いろんな人たちが乗ってくるのです。好奇心が強い諭吉にとって、いろんな国の人たちと接することができる船内は非常に楽しい場所だったようですね。

また諭吉はここで、欧米の人たちの「女性を大事に扱う文化」を特に取り挙げています。男尊女卑の思想がどっぷりしみ込んでいた江戸時代の男性にとって、このレディーファーストという欧米の文化は非常に奇異で新鮮に映ったのでしょう。

13 知らないと恥をかく船中トイレ事情

『西洋旅案内』

現代語訳

船中の便所は左右に10か所ずつあり、これは客用の便所だが上の客用と中の客用の区別がある。船の先方には下の客と水夫などのための便所が数か所ある。便所はすべて毎朝掃除され船員上官が点検しているのでとてもきれいである。西洋の大便の器は、船中のものも家のものも同じ形をしている。一段高くなったところに丸い穴が空いており、この穴に腰かけて用を足すという仕組みになっている。日本から西洋に行く人が、このことを知らずに日本流に用を足すと便所を汚してしまい、外国人に笑われて恥をかくことになる。くれぐれも注意されたい。

解説

昨今では、世界中でそれほどトイレの使い方が違うことはありません。先進国だけじゃなく、途上国でも空港やホテル、ショッピングセンターなどでは、だいたい世界共通のトイレがあります。国によってトイレの形や操作方法が若干違うくらいで、それほど戸惑うことはありません。

しかし、当時はトイレの使い方などは、国や地域によってまったく違っていました。海外旅行をする者にとって、トイレ事情というのはかなり大事な情報だったようです。

実際に日本の欧州使節団の中には、トイレで大失敗をしていた者もいたようです。そのことは120ページで詳しくご紹介します。

第二章 アジア、アフリカを巡ってヨーロッパへ

14 海洋旅行に必須の知識「経度と緯度」

『西洋旅案内』

現代語訳

陸地を旅するときは山など様々な目印があるし、どこからどこまでがどのくらいの距離かなども、あらかじめわかっている。

しかし大海を行くときは、何十日も目印となる山や陸を見ないこともある。

西洋の船がどうやって目印のない海を航行しているのかというと、星の位置を測って、目的の方角を定めているのである。だからどんな大きな海でも迷うことはない。

地球の北の端を北極といい、南の端を南極という。この北極と南極との真ん中のところに西から東に一筋の線を引いたものを赤道という。

この赤道から北極、南極までの距離を両方とも90ずつに分けて、赤道に平行して線を引くと、両方合わせて１８０本の線となる。

これを「南北の緯度」という。

またイギリスのグリニッジ天文台と北極、南極をつないで一周する線を引き、その線を基準にして、地球の周縁を３６０に分けたものを「経度」という。

このように世界は東西南北で十文字に区切られ、各地の位置が特定されている。だから航海中に天文を見て方角を測れば、陸の見えない大海であっても船の居場所は寸分の違いもなくわかるのだ。これを航海者の測量という。

定期船も、航行中、毎日測量している。そして経度緯度の数値と一日走行した距離を紙に書いて船内に張り出す。それを世界地図の経度緯度と重ね合わせれば、素人でも船の進み具合がわかるのだ。

解説

これは経度と緯度の説明です。

江戸時代の日本人の航海は、コンパスや測量などの技術がなかったので、海岸沿いを行くか島などを頼りにして行くものでした。

だから西洋の人々が、どうやって大海を渡って日本にまでやってきたのかわからなかったのです。

その謎を諭吉は丁寧に説明しているわけです。

15 世界の気候

『西洋旅案内』

現代語訳

気候というものは、すべてその土地によって違うものだが、世界の気候のことをざっくり言えば次のようになる。

赤道を真ん中として、これより緯度で北へ23度半、南へ23度半合わせて47度の間を「熱気の方角(熱帯地方)」といい、気候は非常に暑い。この辺の地域には草木がよく生育し、大木、銘木、珍しい鳥や獣が多い。

紫檀《したん》(銘木の一つ)、黒檀《こくたん》(銘木の一つ)などという材木や、ライオン、トラ、象の類はまさしくここに生育しているものだ。そのほか果実に、椰子《やし》、芭蕉《ばしょう》の実(バナナのこと)などがある。麦、米もよく実る。

最近、外国人が象、トラなどを日本に持ってきて見世物にすることがあるが、これは西洋から持ってきたものではなく、インドか中南米あたりの暑い地域で買ってきたものである。

また近年、南京米という米がたくさん日本に入ってきているが、これも南京の米ばかりではなく、シャム（タイ）、安南《あんなん》（ベトナム）そのほかの暑い国々でできたものを西洋人が買って日本へ輸出したものである。

さて下図のように赤道から南北に23度半ずつのところに線を引き、これを黄道（回帰線）という。この黄道から南の方、北の方への緯度で43度ずつの帯の部分の地域を「平和の方角」という。この平和の方角の地域は、春夏秋冬の区分があり、鳥、獣、草木、穀物、くだものも程よくあり、人が暮らすのに適しているところである。

日本、中国や西洋諸国はみなこの地域にあるので、天候はだいたい似ている。

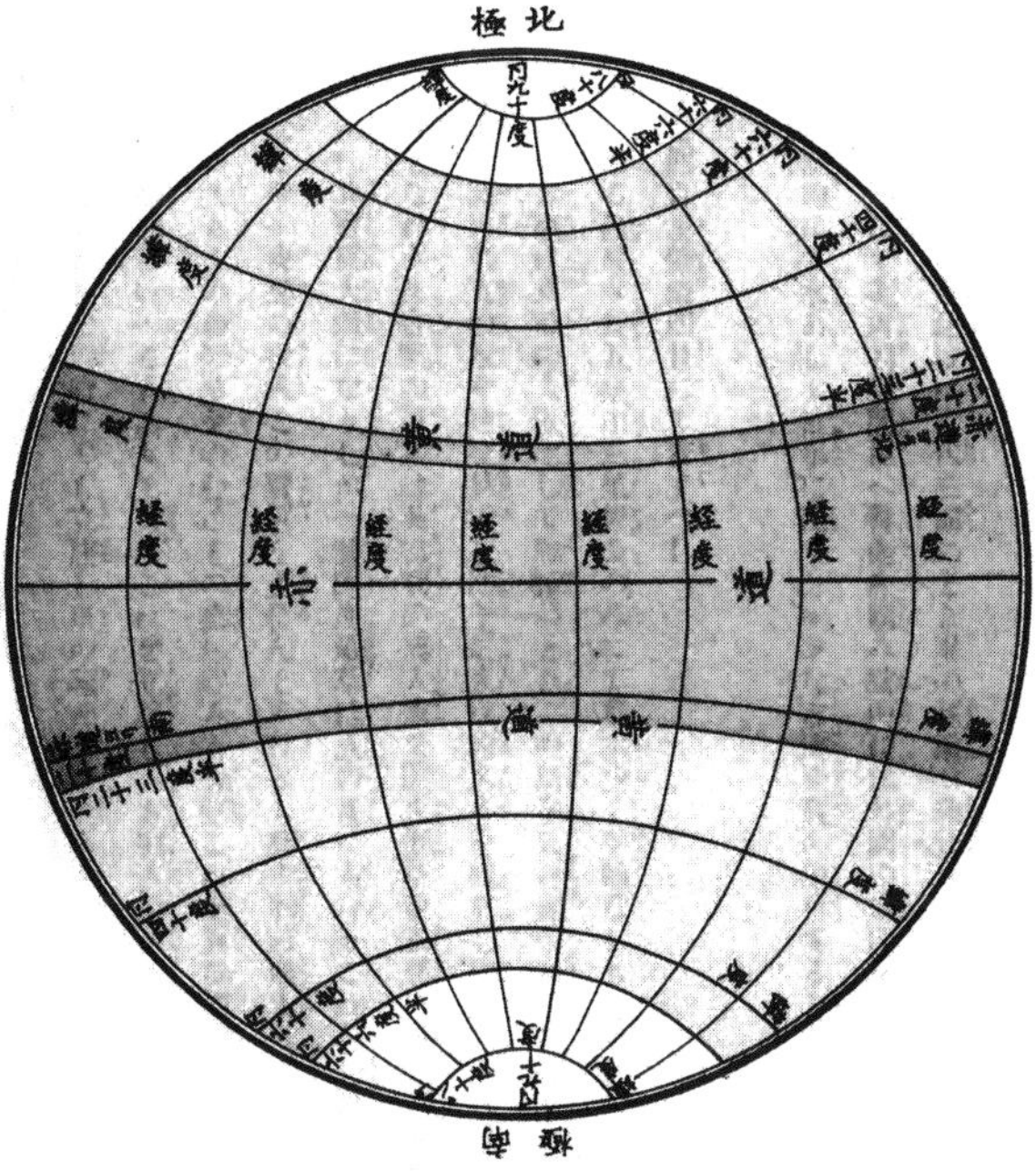

『西洋旅案内』所収の地球図

ただしロシアなどは、「平和の方角」の中にある国だけれど、赤道から北に60度の位置にあり、かなり北極に近いので冬の寒さは厳しい。

そのほかのヨーロッパ諸国も日本に比べれば少し北の方にあるので、やはり日本よりは少し寒い。

「平和の方角」の境界から北極、南極に至る23度半ずつの地域は、「寒気の方角」といい、草木、鳥、獣は少なく、人も住めないほど寒い。

このように赤道から南北23度半ずつの間の気候は暑く、それより南北43度ずつの間はちょうどよく、そこから南極、北極までの間は、寒い。

外国へ旅行するときに衣服を用意する場合、世界のだいたいの気候を知っていなければ不便である。

また世間の人々は、外国から帰ってきた人に「かの地の天候はどうなのですか」とよく聞くが、世界の国々の位置を知れば自分でわかるはずだ。前掲の絵図を照らし合わせてみてほしい。

解説

これは世界の気候のことを紹介しているものです。

世界の気候には大きく分けて「熱気の方角」「平和の方角」「寒気の方角」の三つがあるということです。

「熱気の方角」「平和の方角」「寒気の方角」という言葉は、現在ではまったく使われておりません。ですが、現在の気候区分とほぼ似ています。

「熱気の方角」とは現在でいうところの「熱帯地域」を指すものと思われます。そして「平和の方角」は現在の「温帯地域」、「寒気の方角」は現在の「寒帯地域」、「黄道」は現在の「回帰線」のことだと思われます。現在も黄道という言葉はありますがそれは太陽の通る軌道のことを指しますので、この文章で述べられている黄道とは違います。

16 横浜からまずは上海へ

『西洋旅案内』

現代語訳

日本からインド洋を渡り西洋諸国に行くにはフランス行き、イギリス行きの2種類があり、フランスのマルセイユまでおおよそ4700里（約1万8800キロ）、イギリスのサウスアンプトンまでも同じくおおよそ4700里（約1万8800キロ）である。

途中、船を乗り換えたり、石炭を積み込んだりするための寄港地は次の通りである。

◎上海まで

まず横浜から上海までは500里（約2000キロ）、船で5日間かかる。

上海は南京から70里（約280キロ）のところにあり、揚子江《ようすこう》という大河が海へ出るところにある港である。人口は20万人。

西洋諸国の貿易船や中国の小舟が出入りし、とても繁華な場所である。

絹布や象牙細工などが主な産物で、市の周囲には茶園があり、おびただしい量の茶を外国に輸出している。

市街地は城構えになっており、城の名は健安城という。

中国の人々は、この城構えの中に住んでおり、外国人の家は城構えの外にある。

この城は、中国の古代三国時代に呉の孫権がつくったもので世界に名高い古跡ではある。が、昨今は中国政府の行政が行き届かず、イギリス、フランスに治安警備を頼んでおり城中には外国の旗印がたっている。

気候は日本に似ているが、湿地帯なので水が悪く飲み水に困る。そのためコレラなどの伝染病が流行するときには死者が多数出る。

解説

横浜からまず訪れる港は上海です。

江戸時代の日本人は、韓国や中国に行くこともほとんどありませんでしたので、上海に来ただけでも相当に遠い世界に来た感じがしたはずです。

この街は城郭に囲まれているということですが、中国には城郭に囲まれた「城郭都市」はいくつもあります。中国では城という言葉は、街や都市という意味もあるほどなのです。

また「上海は三国時代の孫権がつくった都市」と言われれば、中国の悠久の歴史を感じざるを得ません。三国時代というのは、2000年近くも前のことです。

しかしその悠久の歴史を持つ中国が、西洋諸国に大きく遅れをとっている姿を、諭吉は見たのです。

「行政が行き届いていないために、イギリスやフランスに治安警備を任せている」

「城内には外国の旗がはためいている」

ということは、当時の日本人にとってはかなりショッキングなことだったと思われます。

江戸時代の日本は、中国と積極的に交流していたわけではありませんが、日本は太古からずっと中国の文化を取り入れ、中国を手本として国づくりをしてきたのです。中国の文章である「漢文」は、日本の知識人には欠かせない教養でもありました。中国は、日本にとって世界の基準とさえいえる国でした。

その中国が、英仏に蹂躪《じゅうりん》されているのです。

諭吉は「下手をすれば日本もこうなる」という意識を強く持ったことでしょう。

そしてその意識が、精力的に文明開化を啓蒙する原動力になったと思われます。

17 イギリス領香港の気候

『西洋旅案内』

現代語訳

上海から香港までは400里（約1600キロ）、船では4日で到着する。

香港は中国の南東にある島である。

この島は長さ5里（約20キロ）、幅3里（約12キロ）、岩山ばかりで草木は少なく平地はない。もとは中国の領土だったのだが、イギリスとの戦争により天保13（1842）年、永久にイギリスの領地となった。

その後、だんだんイギリス人の家を建て、商業地を開き、最近は教会や学校もつくり、人の数が次第に増えて繁華な港になった。

このイギリスと中国との戦争の発端は、イギリスの商人がアヘン煙草を中国に持ち込んだことである。中国の人々もこのアヘン煙草を好んで吸うようになり、見る間にその売買量は巨額になった。だが、アヘン煙草は人の毒でもあり、これが蔓延すれば国のためにならない。そのため中国の指導者はアヘンの売買を禁止した。

しかし、イギリスの商人はこれを聞き入れず、また多くの中国人もアヘン中毒となっていたので秘密裏に売買を続けていた。

これに対し、中国の役人の林則徐《りんそくじょ》という人が怒り、イギリス商人のアヘン煙草を押収し焼却してしまった。

イギリス政府は、「話し合いもせずにイギリス商人の商品を無理やり焼却するとは何事か」と怒り、本国から軍勢を差し向けて散々に撃ちすくめた。

ついに中国の方から和睦を願い出て、広東、廈門《かもん》、福州、寧波《ねいは》、上海の5か所の港を開き、さらに次の通りの賠償金を支払うことになった。

一、600万ドル
これは中国の役人が焼却したアヘン煙草の代金

一、300万ドル
これは広東商人のイギリス商人に対する借金を中国政府が肩代わりしたもの

一、1200万ドル

これは今回イギリスが軍隊を派遣した際の軍事費として中国政府に支払わせるものあわせて2100万ドルを3年分割で払うことになっており、もし支払いが遅れれば1年5%の利息が生じるという約束になっていた。

アヘン戦争の一場面。清の船がイギリスの攻撃を受けている。敗れた清はイギリスに莫大な賠償金を払い、香港を割譲するなどした

この5か所の開港と、2100万ドルの賠償金のほかに、香港の地を永久にイギリスの領地にするという条件で、和睦した。これが今から26年前、西暦で1842年、中国暦で道光22年、日本の天保13年のことである。

その後、万延元（1860）年、中国の天津《てんしん》というところで、イギリスの軍艦と中国側で不慮の衝突があり戦争となった。これにも中国は負け、800万ドルの賠償金を払い、広東の九龍という地域をイギリスに割譲した。

香港の気候は暑い。冬であっても日本の3月、4月ごろのようである。

ここから次第に南の方へ向かい、インド洋を出て紅海に入るまでには熱帯地域に入るので、衣服など夏の準備をしなければならない。

インド洋の暑さは、日本よりもそれほど厳しいというわけではないが、昼と夜の温度差がないので、日本のように昼暑くても夜は涼んで休めるということができず非常に難渋する。

解説

香港というと、現代の日本人の感覚では、香港島と本土の九龍地区などを含めた地域ということになりますが、当時は香港というのは香港島のことだけを指していたわけです。

アヘン戦争でまず香港島がイギリスの租借地となり、その後の天津でのアロー戦争により九龍地区などが租借地となったのです。

香港島と九龍地区は両方合わせたところでイギリスの統治がされていたので、香港島と九龍地区のことを香港と呼ぶようになったようです。

諭吉は、この香港のことは、「永久にイギリス領」と書いていますが、ご存じのように、1997年に香港は中国に返還されました。

当時の条件では永久にイギリス租借ということになっていたのですが、第二次世界大戦後、世界各地の欧米の植民地に独立の機運が高まり、次々と独立していきました。そんな中、香港に関しても中国が返還を要求し、租借地になっていた香港周辺の地域とともに、1997年に中国に返還されたのです。

香港は現代では高層ビルが立ち並ぶ近代都市であり、世界有数の観光地ですが、当時はまだイギリスが租借したばかりのときでありそれほどの都市ではなかったのでしょう。諭吉は香港という街については、「だんだん繁華な港になっている」という程度の感想しか述べていません。

香港の気候について「冬であっても日本の3月、4月ごろ」という記述がありますが、これが書かれたころはまだ旧暦が使われており、今の暦よりもだいたい1か月遅い計算になりますので、今の暦では4月か5月ごろということになります。

18

香港人は瀬戸内海の漁民のよう

『西航記』文久2年1月6日（1862年2月4日）

現代語訳

香港の現地の人の文化は遅れており、まったくイギリス人に使われるばかりである。イギリス人と共同で店を出してビジネスをしている者もいるが、その多くは現地の人ではなく上海や広東から来た人で、香港の地元の人ではない。

港には小舟が数千ある。長さは20尺（約6メートル）程度しかない。そのつくりは非常に粗末である。イギリス人はこれをチャイナボートという。

現地の人はこの舟に乗って釣りをしたり、網で海底に落ちたものをすくいあげたり、また食べ物や雑貨を売ったりして生計を立てている。陸上には家がなく、家族とともにこの舟の中で生活している。日本の瀬戸内海の漁民みたいである。

解説

これは諭吉の西洋旅行時の日記である『西航記』に記された文章です。

諭吉は、ヨーロッパ旅行のときにインド洋ルートの船に乗っており、香港にも立ち寄っています。このとき南北戦争後のイギリスとアメリカの関係悪化の関係で、諭吉たちの船は香港で足止めをくらいます。イギリスとアメリカの軍艦は世界中の港を行き来していましたから、世界中の港で戦争が起きる可能性があったのです。諭吉たちが乗っていた船は、イギリスのオーディン号という軍艦でしたので、いつ戦闘が起きてもおかしくなかったのです。それでイギリスとアメリカの外交調整がつくまでの間、諭吉たち一行は香港に2週間ほど滞在しています。

その空いた時間を使って香港見物をしたのです。

現代では、世界的にも進んだイメージのある香港の人々ですが、諭吉が訪れた当時は「文化は遅れイギリス人に使われるばかり」という状況だったようです。

ちなみに諭吉は、原文では香港の現地の人のことを「土人」と表現しています。しかし、この土人は、差別的な意味で使っているわけではなく、現地の人という程度の意味です。フランスの現地の人のことも土人と表しています。香港の現地の人は、陸上に家を持たない「水上生活」をしており瀬戸内海の漁民のようだと述べていますが、昔はこういう水上生活者は日本にもけっこうおり、昭和30年代くらいまで東京湾にもいたのです。

19 シンガポールで気づく英語の重要性

『西洋旅案内』

現代語訳

香港からシンガポールまでは700里（約2800キロ）、船で7日の旅路である。

ただしフランスの定期船の場合は、香港とシンガポールの間のサイゴンという港に立ち寄って石炭などを積み込む。このサイゴンは、もとは安南（昔のベトナム）の領地だったのだが、6、7年前にフランスに攻め取られ、フランスのものとなった。今では、軍艦や商船が出入りし、だんだん繁華になっている。主な産物は米である。

シンガポールはイギリス領有の島である。

赤道より少し北のところにあり、非常に暑い。

四季の違いはなく、いつも夏のようなものだ。

冬の時期でもキュウリ、なすび、スイカなどがたくさん獲れる。またこの辺の島々では、丁子《ちょうじ》（クローブ）、胡椒《こしょう》、生姜、椰子《やし》、芭蕉《ばしょう》（バナナ）や、パイナプルなどという果物も獲れる。パイナプルは草の実であり、形は松ぼっくりのようだが、とても大きい。味は非常に良い。日本の芭蕉は実がなることはあまりないが、この地の芭蕉は非常に多くの実をつけ、果物として食べられている。非常に甘く、日本のまくうりに似ている。

この他にも、みかん、だいだいなどいろんな果物がたくさんとれ、値段も安い。

この島には、虎が多く、時々人を襲う。

ほかにも、イノシシ、ヤマネコ、大蛇、オウムや、たくさんの種類の猿もいる。

船が港に入れば、現地の人が猿やオウムなどを売りに来る。これらは可愛く見えるので買いたくなるけれど、日本では寒くて育てにくい。

シンガポールの人口はおおよそ6万人。このうち半分は中国人の出稼ぎ人である。

ほかにもインド洋や太平洋の島々、サンフランシスコなどにも中国人は多い。これらの外国に住んでいる中国人たちは、みな英語を話す。中国語が通じないからである。日本の人々は、中国の言葉が世界に広く通用していると思っているが、それは間違いである。

世界でもっとも広く使われている言葉は英語である。またヨーロッパでは、フランス語を話す人は尊敬される。だから、外国に行きたいと思っている人は、ぜひ英語かフランス語を学ぶべきだろう。

解説

現在のシンガポールというと、香港と同様に高層ビルが立ち並ぶアジア屈指の洗練された都市というイメージがありますが、当時は、イギリス領であり、「未開の南国」という感じのところだったようです。

港では、外国からの乗客に売りつけようと行商人がいろんな商品を持ってやってきます。日本人が見たこともないような果物や、めったに見られない珍しい動物などもあったようです。

ここで述べられている「芭蕉」というのは、「バショウ」という小さいバナナのような実をつける植物で、英名はジャパニーズ・バナナです。つまり、ここで諭吉が「日本の芭蕉のようだ」と言っている果物とはバナナのことです。

後半には、シンガポールの人口や、中国人がいろんな場所に出稼ぎにきていることなどが出てきます。

江戸時代までの日本人は、中国語（漢語）が世界でもっとも通用する言葉と思っていたようです。諭吉は「それは間違いだ」と指摘し、これから外国人と交わろうとする者は英語かフランス語を学ぶべきだと勧めています。

20 シンガポールで偶然の再会

『西航記』文久2年1月19日（1862年2月17日）

現代語訳

旅館に日本の漂流者の音吉という人物が訪ねてきた。

音吉は尾張の知多半島小野村の水夫だったが、天保3（1832）年、乗組員17名とともに船が漂流し、アメリカのカリフォルニアにたどりついた。その後、イギリスに行き、イギリスの戸籍を得て上海に渡り住み、シンガポールの現地の女性と結婚し、三人の子どもをつくった。最近、病気にかかり静養のため10日前にここにきて、たまたま日本の使節団が来ているのを聞き訪ねてきたのだという。

この音吉の顔を見ているうちに、私はどこかで見覚えがあるような気がしてきた。それで、音吉によくよく聞いてみると、9年前にイギリスの軍艦に乗って長崎に来たことがあるとのことだった。9年前の安政元（1854）年というと、私が長崎に遊学していたときである。

シンガポールで諭吉が会った音吉（『海防彙議補』国立公文書館所蔵）

解説

これも諭吉のヨーロッパ滞在日記である『西航記』からの文章です。

江戸時代、日本の漁民の船や輸送船などが漂流し、欧米の船に救助されるということは時々あったようです。有名なところでは、土佐のジョン万次郎などがいます。ジョン万次郎とは、諭吉も若干の交流があり本書でも232～234ページに出てきます。

その漂流漁民の一人がシンガポールに住んでいたわけです。現代であればシンガポールで日本人に会っても珍しくもなんともありませんが、当時としてはかなりびっくりしたことでしょう。

それにしても音吉は、アメリカからイギリスに渡ったりシンガポールで家庭を持ったりと、波乱万丈な人生を送ってきたものですね。ジョン万次郎もそうですが、この当時の日本人は、どんな状況に陥ってもたくましく生きている人が多かったようです。

21 欧州が奪い合ったセイロン（スリランカ）

『西洋旅案内』

現代語訳

シンガポールを出港して、マラッカ海峡に入ると、右がマレー地方、左がスマトラ島である。船は次第に北西に向かい、インド洋に出てセイロンという島のポイントデゴウル（ゴール港）という港に着く。

シンガポールからセイロンまでは海上750里（約3000キロ）、8日の船旅である。ただし、イギリスの定期船であれば途中でペナンという小島で石炭などを積む。

ペナンはマラッカ海峡の右手にあり、この島もイギリス領である。土地の産物はシンガポールと同じだ。

セイロンは、以前はポルトガルの領地だったが、一度、オランダに取られ、その後、イギリスの領地となった。

島の周囲は300里（約1200キロ）程度で、島内に港が数か所ある。

定期船が入港する港はポイントデゴウル（ゴール港）という。

気候はシンガポールと同様で暑い。産物も同じく、椰子、みかん、胡椒の類が多い。特に桂枝《けいし》（シナモン）はこの島の一番の名産であり、各国に輸出されている。

山には象が多い。これを飼いならして牛馬のように使う者もいる。もちろん象牙も大量にとっている。この象牙には様々な細工を施した品物がある。

セイロンは暖かいので一年に二度米がとれる。7月から10月に植えた米は翌年の正月から3月の間に収穫し、3月から5月に種をまいた米は8月から10月の間に実る。しかし、2回収穫できるにもかかわらず、外国に輸出するほど多くはとれない。かつては他国から米を輸入していたこともあるほどだ。

セイロン島は釈迦如来の誕生の地とされており、島民はみな仏教を信仰している。

島の中にアダムヶ峰というとても高い山がある。高さは１２００間あまり（約２２００メートル）。島の伝説で、釈迦如来がこの山に籠って法を説き、最後は山頂から天に登ったという。そして、今でもその足跡があるそうだ。

解説

セイロン島というのは、今のスリランカのことです。

セイロン島は日本の戦国時代からすでにヨーロッパの植民地となり、諭吉の訪れた19世紀はイギリスに統治されていました。第二次世界大戦後の１９４８年に独立します。

諭吉が紹介しているセイロンの名産品の桂枝というのは、セイロンケイという木の皮です。これをスティック状に巻いたものがシナモンです。西洋諸国は、こういう香料を得るためにアジアに進出したのです。

釈迦がこの地で生誕したということは、歴史的事実ではないようですが、セイロン島（スリランカ）には仏教徒も多く釈迦にまつわる様々な伝説が残されています。

諭吉のいう「アダムヶ峰」というのは、現在のスリランカ中央部にある「アダムスピーク」のことだと思われます。アダムスピークには釈迦が訪れたという言い伝えがあるのです。

このアダムスピークは頂上付近の巨大な岩に人の足跡のような穴があり、古くから霊山として崇められてきました。そして仏教徒の間ではこの岩の穴は釈迦の足跡だと言い伝えられてきたのです。しかし、セイロン島には様々な宗教徒が混在するので、アダムスピークは仏教だけじゃなく各宗教の聖地のような存在になっています。アダムスピークという呼び名も、旧約聖書のアダムとイブから来ており、イスラム教徒が名付けたとされています。

22 欧州とアジアを結ぶアデン（イエメン）

『西洋旅案内』

現代語訳

セイロンからアデンまではおおよそ1000里（約4000キロ）、9日の船旅である。アデンもイギリス領で、紅海の入り口にある。

気候はシンガポール、セイロンよりも暑い。土地は農業に適しておらず草木が少ない。人口は1万人あまり。商業はあまり活発ではない。立ち寄る船に石炭を積み込むだけの港である。

しかし、セイロンを出港して以降は、この辺の海域ではこのアデンしか港がないので、この航路をとる船はみなここで石炭などの補給で立ち寄ることになる。

アデンを出港して紅海に入ると、右手にはアラビア半島があり、左手にはアフリカ大陸を見ることができる。すなわち紅海はアラビアとアフリカの境なのである。

この辺は、シンガポールやセイロンよりは北にあるので、本当は涼しいはずなのだが、アフリカやアラビアに数百里（数千キロ）となく砂漠が広がっており、炎天に焼かれた砂漠から熱風が流れてくるので、昼夜ともに非常に暑い。

日本からヨーロッパに行く間では、この辺が一番、苦しい場所である。

解説

アデンというのは、アラビア半島の最南端で現在のイエメンにある都市です。古くからヨーロッパとアジアの中継点にある港として栄えていました。

アデンはかつてオスマン・トルコの一員でしたが、その後、エジプトの支配下に入り、19世紀ごろからイギリスが進出するようになり、1838年にはイギリスの基地がおかれイギリスの植民地のようになっていました。

非常に暑い地域で、日本人の諭吉にとっては一番シンドイ場所だったようです。

23

エジプトの仰天するほど大きな石塔

『西洋旅案内』

現代語訳

アデンからスエズまでは600里あまり（約2400キロ）、6日の海路である。

スエズはエジプトの南岸の港である。

この辺の地域はもとはトルコの領地だったが、エジプトにカイロという主要都市があり、ここのパシャという役人が勝手にエジプトを支配するようになり、今ではトルコとは別の国のようになっている。

スエズの港は遠浅なので、本船は沖に錨《いかり》を下ろし、小舟で上陸する。

そしてスエズから蒸気機関車に乗り換える。120里（約480キロ）先のアレキサンドリアというところまで一日で到着する。

カイロという都市はその途中にある。歴史のある都市であり、名所旧跡が多い。マホメット宗（イスラム教）の寺院があり、壮大な建造物である。

またカイロから3里ばかり（約12キロ）のところにピラミッドという仰天するほど大きな石塔が二つある。高さ40丈（約120メートル）、幅60丈（約180メートル）で石垣のように積み上がっている。この石塔はおおよそ4000年前のセオプス（クフ）という国王の墓である。世界に名が知れた遺跡であり、秦の始皇帝の万里の長城にも劣らない大事業だ。

この辺は一年中雨が降らない暑い国なのだが、夜露が多く、またナイルという大河があるので、植物はよく生育する。土地の産物は綿、コーヒーなどである。

治安が悪く、旅人は気を付けなくてはならない。

解説

エジプトは長い間、イスラム国家であるオスマン・トルコの支配下にあり、18世紀の末に、オスマン・トルコの役人だったムハンマド・アリーという人物が、エジプトで強い指導力を発揮して君主となり、オスマン・トルコの支配から半ば脱したような状態にありました。

そして、ムハンマド・アリー家の世襲統治が続き、諭吉が訪れた際には、イスマーイール・パシャが五代目の君主となっていました。諭吉が言うエジプト役人のパシャというのは、この5代目君主のイスマーイール・パシャのことです。

24 観光地化する前のエジプト

『西航記』文久2年2月22日（1862年3月22日）

現代語訳

カイロは人口50万人、貧しい人が多く市街はあまりにぎやかではない。人々は怠惰で生業についていないものが多い。法律も非常に過酷なものである。政府には常備兵が10万人もいる。人々はみなこの兵のことが嫌いである。

エジプトの現地の人は、みなラクダを乗りこなす。

私も一日中ラクダに乗っていろんなところを観光した。

カイロは数千年の古都なのでいろんなところに大きな古跡がある。しかし、現在はみな古びてしまっている。

ただ現在も壮麗で目を引くのは、マホメット礼拝堂（イスラム礼拝堂）、ピラミッドおよびヨーセフの墓である。

ヨーセフの墓は山上にあり、山を縦に掘って30～40尺（9～12メートル）四方、高さがおおよそ

20丈（約60メートル）の井戸穴のようなものをつくり、墓はその井戸穴の底にある。そして別に山の斜めから坑道を掘り、その井戸穴に通じるようになっている。坑道の中はまったくの暗闇であり、先導する人が灯りを照らしながら行く。坑道と井戸穴の間には時々窓がつくられており、明かりが入ってくるようになっている。この窓から井戸穴の底を見れば、幽凄さを感じずにはいられない。

ヨーセフの墓、マホメット礼拝堂は私が自分で行ってこれを見た。ピラミッドも3里（約12キロ）ばかり離れたところから望見した。

エジプトのピラミッドが壮観なのは世界中に知られた事である。石で築造され形は四角尖柱で、二個が相対している。おのおのが高さ400尺（約120メートル）四角の底の幅は一辺が600尺（約180メートル）。

実に4000年前のエジプト国王Cheops（クフ王）の墓碑であり、当時これを建造するのに200万人の作業員を動員したという。

幕府の第２回遣欧使節がエジプトを訪れたときの写真。福沢はこの使節には参加していないが、別の機会にエジプトを訪れている

解説

これも諭吉の渡欧日記である『西航記』に載っていた文章です。

当時のエジプトは、まだ近代国家としての態勢が整っておらず、独立国としても認められていないような状態でした。国家予算などもそれほど潤沢ではなく、遺跡の整備や考古学の研究はそれほど進んでいなかったようです。

現在では、世界有数の観光地として名所、旧跡の宝庫となっているエジプトですが、諭吉が訪れた当時は荒れ果てた旧跡が多く、見るべきものは「マホメット礼拝堂（イスラム礼拝堂）、ピラミッド、ヨーセフの墓」くらいしかないと述べています。

諭吉はエジプトでラクダに乗って市中を巡っているようですが、このラクダでの市中巡りは今でもエジプト観光の目玉の一つになっています。

また諭吉がここで述べている「ヨーセフの墓」というのは、現在、「ヨセフの井戸」と言われているものだと思われます。ヨセフの井戸というのは、ローマ時代の墳墓につくられた給水施設で、12世紀にサラディーン・ヨセフの時代に造られたものだと言われています。

25 アレキサンドリアからマルセイユへ

『西洋旅案内』

現代語訳

アレキサンドリアはエジプトの北岸にある港で、地中海を臨んでいる。

この地中海という海は、アジア大陸、ヨーロッパ大陸、アフリカ大陸の三つの大陸の間にあるので、「地中海」と呼ばれているのだ。

アレキサンドリアも、もともとはトルコの領地だったが、今はエジプトの支配下にあり、カイロに次ぐ都市である。

このアレキサンドリア港からフランスの定期船に乗ると、船はイタリアとシシリー島の間の狭い海域に入る。その入り口付近にあるシシリー島のメシナという港に立ち寄り、少し船の整備をした後、フランスのマルセイユに向かう。

アレキサンドリアからマルセイユまでは700里（約2800キロ）、7日間の船旅である。

マルセイユはフランスの南の方にある港である。

この港は地中海でもっとも大きく、世界各国のたくさんの商船が出入りしている。1200隻の船が停泊できるほど広い。世界各国の定期船も往来しており、非常に繁盛している。

この地の産物は石鹸、香の材料、そのほか製薬類、タバコ、甘い酒（リキュールのことか）、靴、帽子などである。

土地の人口は30万人あまり、気候はだいたい日本と同じである。

マルセイユに着いた船客は、まず宿屋に一泊する。

それから鉄道に乗る。マルセイユからフランスの首都パリまでの道のりはおおよそ200里あまり（約800キロ）である。蒸気機関車に一昼夜乗っていれば到着する。

その途中にリオンという繁華な街がある。

ここは絹布、羅紗《らしゃ》の製造が盛んなところで、世界にその名が知られている。日本からフランスに輸出されている生糸もその多くがリオンに行っているようである。

解説

アレキサンドリアは、地中海に面したエジプト第二の都市です。このアレキサンドリアから、地中海の対岸はヨーロッパです。

だからこの港に着けばいよいよヨーロッパ上陸ということになるのですが、アジアからヨーロッパへ向かう航路は、ここで二手に分かれます。

一つは、ここで紹介しているようなフランスのマルセイユに上陸するルートです。

もう一つは、地中海から直接ヨーロッパに上陸せずにジブラルタル海峡を通って、大西洋側からヨーロッパに着岸するルートです。これは次にご紹介します。

地中海を渡ってフランスのマルセイユに着くと、そこからパリへは鉄道で行くことになります。後段で紹介されているリオンという街は、マルセイユからパリに向かう間にあるフランス第二の都市です。

古くから布の生産地として知られ、特に絹は世界的に知られていました。日本は、幕末から明治にかけて生糸が主力輸出品だったのですが、この日本産の生糸の多くはリオンに運ばれていたのです。

26 アレキサンドリアからイギリスへ

『西洋旅案内』

現代語訳

さて、アレキサンドリアからイギリスの定期船に乗れば、出港してまずマルタ島に立ち寄り、ジブラルタル海峡を通ってイギリスのサウスアンプトンという港に着く。

道のりは、アレキサンドリアからジブラルタルまで850里（約3400キロ）、ジブラルタルからサウスアンプトンまで550里（約2200キロ）、合わせて1400里（約5600キロ）である。

マルタ島は地中海の中ほどにある小島である。もとはフランスの領地だったが、60、70年前にイギリスの領地になった。土地は荒れ地であり岩山ばかりだが、地中海の要害の場所なので、イギリスが大掛かりな砲台をつくった。現在、このマルタ島は堅固な要塞として世界に名高い。

この辺の産物は、珊瑚珠《さんごしゅ》（サンゴを磨いてつくった装飾品）、海藻などが多い。メッシーナやマルタに到着すれば、地元の人が珊瑚の珠を数珠のようにつないだり、花形にしたものを売りにくる。価格は安いが品物は良くない。良い品物はイギリス、フランスの商人があらかじめ買い取って本国に持っていくので、この辺の売り物には残っていないようだ。

解説

当時アジアからヨーロッパに向かう定期船は、主にイギリスとフランスが運営しており、フランスの船は地中海からマルセイユに上陸したのですが、イギリスの船はジブラルタル海峡を通って大西洋からイギリスのサウスアンプトン港を終着点としていました。

諭吉が遣欧使節団としてヨーロッパに行ったときには、イギリスの船が迎えにきたので、本来はイギリス船ルートをとるはずです。が、このときはイギリス政府とフランス政府が話し合って、マルセイユに入港してまず最初にフランスを訪問しました。

帰路はポルトガルのリスボンから出港し、ジブラルタル海峡を通るルートを使っています。

それにしても、イギリスもフランスも、アジアからヨーロッパまでの航路を、ほぼ両国の植民地の港だけを乗り継いで行けたわけです。19世紀の英仏がいかに世界中に勢力を張っていたかということですね。

27 大英帝国の要塞ジブラルタル

『西洋旅案内』

現代語訳

ジブラルタルもイギリスの領地である。

地中海の入り口にあり、その砲台の堅固さは世界一ともいうべきものである。海岸の岩山を切開して砲門のスペースをつくり、大砲を1000門あまりも据え付けている。

イギリスが地中海で威光を輝かせているのは、ジブラルタルとマルタ島という要衝の地に備え付けられた砲台によるものである。世界の諸国の人々でこれを恐れない者はいない。

ジブラルタル海峡の南側はアフリカの地域であり、北側はイギリスの砲台である。両方の間は、狭いところでは6、7里（24~28キロ）しかない。


この海峡の潮の流れは不思議である。

地中海というのは、この海峡が入り口となって袋のような形になっているが、海峡の外からは始終、地中海に潮が流れ込んでいるが、地中海から外に潮が流れ出すことはない。しかし古来、この地中海で水が溢れたという話は聞かない。

西洋人の説では、毎日流れ込んでくる水は地中海の暖気で蒸発し空中に消失したり、地の底に道があって人の目の見えないところで外へ流出しているのだ、と。

だから地中海では、どこの海岸でも満ち潮も引き潮もだいたい同じ水の高さであり、地元の人は潮時ということを知らないのだ。

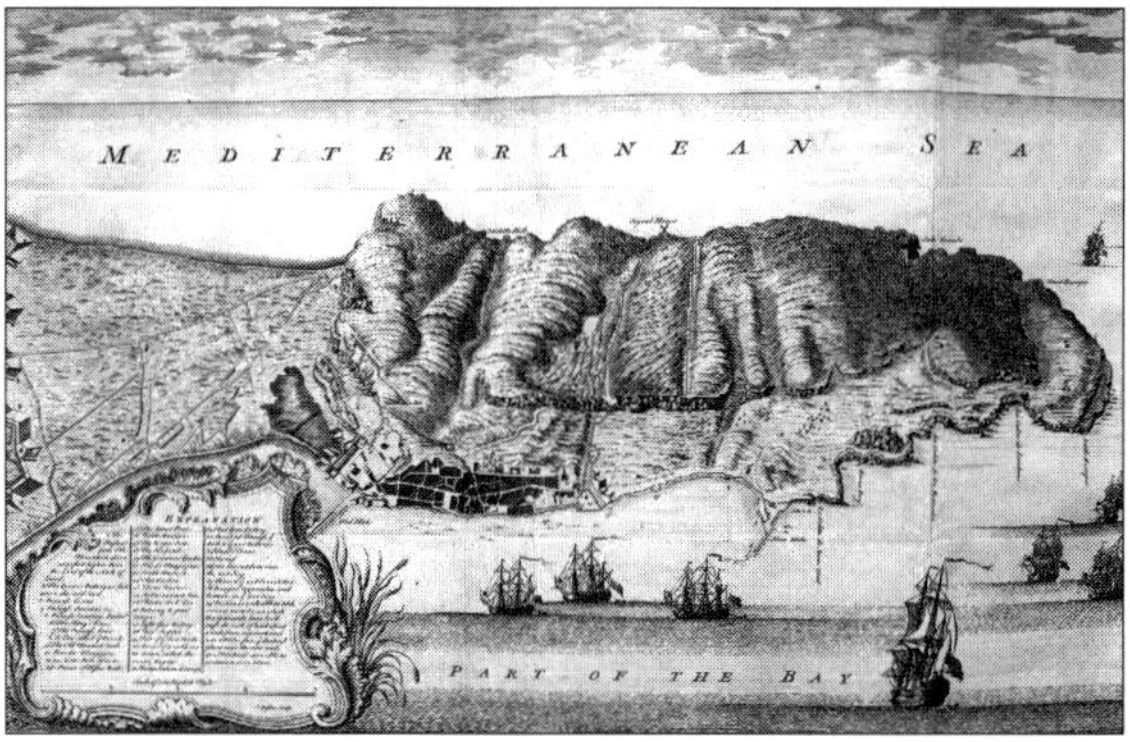

18世紀半ばに描かれたジブラルタル。要塞として整備され、海洋帝国イギリスの重要拠点となった

解説

ジブラルタルは、ヨーロッパとアフリカをつなぐ港として、古代から繁栄してきた都市ですが、地理的にちょっと変わっています。

というのも、スペインの領土の中にポツンとそこだけがイギリスの領地になっているのです。

中世の大航海時代、ジブラルタルはスペインの軍事拠点となっていましたが、18世紀のはじめに起こったスペイン継承戦争で、イギリスに占領されました。そして1713年に結ばれたユトレヒト条約によって、正式にイギリスの領となったのです。

このジブラルタルに面するジブラルタル海峡は、大西洋と地中海を結ぶ、海上交通の要衝です。そのため大英帝国の海軍基地として歴史的に名高いものとなっています。

それで諭吉も「大英帝国の威厳」を象徴するものとして、このジブラルタルとマルタの砲台を挙げているわけです。

地中海に潮の満ち引きがほとんどないというのは本当です。これは地形的に満ち引きが生じにくからとされています。

28 海の玄関口サウスアンプトン

『西洋旅案内』

現代語訳

サウスアンプトンは、イギリスの首都ロンドンから西南に30里（約120キロ）ばかりのところにある有名な港である。

諸国の商船が多数出入りするのはもちろんのこと、この港は世界各地へ向かう定期船の出発地となっており、また外国からの定期船もここを到着地としているので、貴賤、貧富の旅人たちが一年間に何万人訪れるかわからないほどだ。土地が繁華なことは言うまでもない。

この港には巨大な船のドッグがあり、見物したほうがいい。

そのほかに大学も多々ある。蒸気機関を発明したワットという有名な大先生もこの地の出身者である。

サウスアンプトンからロンドンへは鉄道で4時間程度で到着する。

解説

サウスアンプトンというのは、ローマ時代から栄えた港です。かのタイタニック号が出港した港としても知られています。

特に諭吉が訪れた当時は、船舶交通の全盛期だったので、サウスアンプトンがもっとも栄えていた時期です。大学の街でもありますが、蒸気機関を発明した「ワットという大先生がこの地の出身者」というのは、誤解のようです。

蒸気機関を発明したジェームズ・ワットは、スコットランド出身でグラスゴー大学で働いていたときに蒸気機関をつくったものであり、サウスアンプトンはほとんどゆかりがありません。諭吉は現地の人が適当なことを言ったのを聞きかじったのかもしれません。

29 ロンドンとパリを結ぶ驚異の交通網

『西洋旅案内』

現代語訳

このようにイギリスの船で行けば最終的にはロンドンに到着し、フランスの船で行けばパリに到着する。

ロンドンかパリに着けば、両都の間は120〜130里（480キロから520キロ）であり、鉄道と蒸気船を乗り継いで一日の距離である。

パリからロンドンに行くには、フランス西部のカレーという港に行き、そこから10里（約40キロ）ばかりの海峡を渡ってイギリスのドーバーという港に着き、そこからロンドンへ向かう。

ヨーロッパ諸国は、鉄道が縦横にひかれているので、旅行するときには杖、笠、草鞋《わらじ》などは不要である。

そのまま列車に乗れば、100里（約400キロ）や200里（約800キロ）の道は一夜の間にも着いてしまう。だからヨーロッパで遠方に旅行することは、江戸で近所に行くことよりも楽である。

解説

世界的に有名な都市パリとロンドンの間は、海を隔てて500キロ程度の距離があるのに、わずか一昼夜で行き来できる、諭吉はそれを驚きを持って紹介しています。江戸と京都の間がだいたい同じくらいの距離ですが、海を隔てているわけではないのに2週間程度もかかるのです。諭吉たちは西洋文明の凄さを肌で感じたことでしょう。

また当時すでにヨーロッパ諸国はかなり鉄道が整備されていました。そのため国の移動や都市の移動には鉄道が使われました。

「杖、笠、草鞋などは不要である」という諭吉の文言に、日本と西洋の格差を感じずにはいられません。

ちなみに現在、パリとロンドン間は、ユーロスターという鉄道により2時間半で行くことができます。

30 ヨーロッパの宿屋の格

『西洋旅案内』

現代語訳

ヨーロッパの宿屋には上中下の格があり、そのほかにも様々な種類がある。上の宿屋になれば、一日の料金が一人、2〜3両（現代の貨幣価値で十数万円）にもなる。下の宿屋では一歩（数万円）ばかりのものある。また大勢で長期間滞在する場合は、貸家を借りて自炊することもできる。

まず宿屋に着けば、店の受付で名前を書き、部屋の鍵を受け取り、部屋を案内してもらう。荷物なども入れて、ひとまず落ち着く。その後、部屋を出入りするときには必ず鍵をかけなくてはならない。大勢の人が出入りする宿屋では盗賊も多いので、油断してはならない。

宿屋では部屋の一つ一つにもランクがある。

大きな宿屋には、部屋の数が500〜600もある。

部屋に居て、宿の者に用事があるときは、部屋から受付に通じている針金の糸を引き、鈴を鳴らして人を呼ぶことができる。

食事は部屋に取り寄せてもいいし、食堂に行って大勢と一緒にとってもいい。ただし、食事を自分の部屋に取り寄せる場合は、部屋代を少し上乗せしなくてはならない。

解説

当時のヨーロッパでは現代につながるような豪華なホテルができはじめていました。諭吉たちは、日本政府を代表する使節なので、そういう豪華ホテルに招待されることになります。

もちろん日本人の彼らは、ヨーロッパの豪華な建物などはまったく知りませんでした。見るもの触るものすべてが、衝撃の体験だったことでしょう。また文化、風俗の違いから様々な騒動を巻き起こすことになります。詳しくは１１６〜１１９ページを。

31 移動は乗合馬車が便利

『西洋旅案内』

現代語訳

ヨーロッパでは外に行くときは馬車というものがある。

イギリスの言葉でカリエイジ（carriage）という。

これは二人用、四人用の客車を馬にひかせるもので、日本で言うと駕籠のようなものだ。が、駕籠よりも乗り心地が良く、しかも早い。

この馬車は江戸の駕籠屋のように車屋に依頼して手配してもらうこともあれば、流しの駕籠のように街中を走っている馬車もあり、それをつかまえて乗ることもある。

馬車の料金は距離によって決められたり、時間によっていくらと決められたりする。だいたい一日馬車を借り切れば一人あたり3～4両（十数万円）になる。

またオムニブス（omnibus）という乗合《のりあい》の馬車もある。

この乗合馬車はたとえば筋違見附《すじかいみつけ》（現在の秋葉原付近）から日本橋までとか、日本橋から京橋までとかルートを決めて、一日に何度もそのルートを往復するという仕組みである。客車は20～30人も乗れる大型のものである。

乗客は、たとえば日本橋から乗って京橋に行く人もあれば、途中から乗って途中で降りる者もある。賃金はどこから乗ってどこで降りても同じで、非常に安い。

人の多い大通りでは、だいたいこの乗合馬車が往来している。だから乗合馬車のルートを把握して、このルートからこのルートというふうに乗り継げば、わずかな金でいろんなところに行くことができる。

解説

諭吉は、ここでオムニバス（乗合馬車）の紹介をしています。

オムニバスというのは、日本ではたくさんの歌手が一つのCDアルバムを作ったときなどに使われる言葉ですが、もともとは「すべての人のために」というラテン語でした。それが、近代になってたくさんの人が乗って来る「乗合馬車」という意味になったのです。またこのオムニバスというのは、現在のバスの語源でもあります。

当時のヨーロッパでは、主だった都市にはこの乗合馬車が走り回っていました。普通の馬車は目的地まで乗せてくれるので便利なのですが、かなり割高になります。乗合馬車のルートを把握し、これを使いこなせばかなり安上がりになるというわけです。

現代でも外国旅行をするときに、タクシーを使うよりも地下鉄やバスを使う方が断然安くつきます。しかし、地下鉄やバスを利用するには、路線などを把握しておかなければなりません。そこは現代も150年前もあまり変わらないということです。

19世紀ロンドンで撮られた乗合馬車

諭吉は、この乗合馬車を使いこなし、ヨーロッパのいろんな場所を見物にいったようです。諭吉のヨーロッパ見聞については、第3章で詳しくご紹介しています。

日本ではバスの運賃は乗った距離に応じて払うことが多いのですが、世界では一つのバスではどこから乗ってどこで降りても同じ料金ということが多いです。これも、もともと乗合馬車がそういうシステムだったからでしょう。

第三章 サムライたちのヨーロッパ珍道中

◎ヨーロッパ渡航中の主な出来事（2回目の欧米訪問、ヨーロッパは初）

太陽暦（1862～）	和暦（文久元～）	日程
1月22日	12月23日	イギリス軍艦オーディン号にて品川出港
1月28日	12月29日	長崎寄港
2月4日	1月6日	香港寄港
2月17日	1月19日	シンガポール寄港
3月13日	2月13日	アデン寄港
3月20日	2月20日	スエズ到着　　下船し鉄道でカイロへ
3月24日	2月24日	カイロから鉄道でアレキサンドリアへ
3月25日	2月25日	イギリスの輸送船ヒマラヤ号にて アレキサンドリア出港
3月28日	2月28日	マルタ島寄港
4月3日	3月5日	フランス・マルセイユに到着、下船
4月5日	3月7日	マルセイユから鉄道でリヨンへ
4月7日	3月9日	リヨンから鉄道でパリへ
4月13日	3月15日	ナポレオン3世に謁見
4月29日	4月1日	パリから鉄道でカレー港へ
4月30日	4月2日	カレー港からフランスの軍艦コルス号で イギリス・ドーバーへ、ドーバーから鉄道でロンドンへ
5月1日	4月3日	ロンドン万国博覧会を見学
5月2日	4月4日	イギリス外相を訪問か
5月16日	4月18日	イギリス外相と正式に会談
5月29日	5月1日	ロンドン北西のバーミンガムへ
6月5日	5月8日	日英会談
6月12日	5月15日	ロンドン東部のウーリッジ港から オランダ軍艦アルジュノ号で出港
6月14日	5月17日	オランダ・ロッテルダム到着、下船
7月1日	6月5日	オランダ国王に謁見
7月17日	6月21日	鉄道でプロシア（ドイツ）のケルンへ
7月18日	6月22日	ケルンから鉄道でベルリンへ
7月21日	6月25日	プロシア国王ヴェルヘルム1世に謁見
8月5日	7月10日	鉄道でベルリンを発ち、スヴィーネミュンデ港から ロシアの船「スフロイ号」でロシア・ペテルブルグへ
8月9日	7月14日	ロシア・ペテルブルグ到着
8月14日	7月19日	ロシア皇帝アレクサンドル2世に謁見
8月21日	7月26日	日露会談
9月17日	8月24日	ペテルブルグから鉄道で発ちプロシア・ベルリンへ
9月19日	8月26日	ベルリン到着
9月21日	8月28日	ベルリンから鉄道でパリへ
9月22日	8月29日	パリ到着
10月6日	閏8月13日	フランス・ロシュフォール港を出港、 フランスの輸送船ラン号にてポルトガルへ
10月16日	閏8月23日	ポルトガル・リスボア到着
10月19日	閏8月26日	ポルトガル国王ルィース1世に謁見
10月25日	9月3日	リスボアから、フランス輸送船にて出港
1月29日	12月10日	品川到着

諭吉は、文久元（1861）年に日本使節団の一員としてヨーロッパを訪れます。

これは、安政7（1860）年のアメリカ訪問に続いて2回目の欧米訪問ということになります。

最初のアメリカ訪問からわずか1年後に今度は、ヨーロッパに行くわけです。もちろん当時の日本人でこれほど欧米に行く者などいません。

いかに諭吉に行動力、好奇心があったかということです。

日本使節団の多くは初めての欧米訪問であり、様々な珍道中となったようです。

その様子について諭吉は自伝などに書き残しています。

本章では、そういうものを集めて紹介したいと思います。

32 アメリカの次は通訳として欧州へ

『福翁自伝』

現代語訳

文久元（1861）年の冬、日本からヨーロッパ諸国に使節が派遣されることになり、そのときに私はまたついて行けることになった。

この前アメリカにいくときには、木村摂津守に懇願してその従僕という事にして連れて行ってもらったが、今度は幕府に通訳として雇われてヨーロッパ行きを命ぜられたのだから、一人前の役人として手当金も400両くらいもらったと思う。

しかも旅中の費用は一切が官費なので、お金は不要である。

私は平生からお金のかからない男で、無駄に金を使うという事は決してしない。

もらった400両のうち、100両は故郷の母へ送ってやった。

母に対して気の毒に思うのは、私はアメリカから帰ってまだ母の機嫌伺いに行っていないのに、今度またヨーロッパに行くことになったことだ。

母に対していかにも済まない。

のみならず私がアメリカ旅行している間、郷里の中津の者どもが勝手な噂を流して、「諭吉はアメリカで死んでしまった」だのと言っていたようだ。一番ひどいのは親類の中の誰かが母に「誠に気の毒じゃ、諭吉さんもとうとうアメリカで死んで、身体は塩漬けにして江戸に持って帰ったそうだ」などと、おどしているのか、からかっているのか知らないが、そうやって母を困惑させていたらしい。

これも時節柄、我慢して黙っているより仕方がないが、母に対してはいかにも気持ちが済まない。金をやったからといってそれで償えるわけではないが、まあ100両、200両という金は母も生まれて見たことがない金だから、送ってやった。

解説

諭吉は三度ほど欧米を訪問していますが、そのいずれもが幕府の使節団の一員としての参加でした。だから、旅費の面の心配はなく、しかもかなりの手当てが支給されていたようです。

特に2回目のヨーロッパ行き、3回目のアメリカ行きについては、諭吉は付き人としてではなく、英語通訳として参加しており、手当ても相当にでました。

福翁自伝では、2回目のヨーロッパ行きのときには旅費とは別に400両の手当てが出たと記されています。400両というと、現代の貨幣価値にして、3000万円以上になります。このうち100両を実家の母親に送ったそうです。

それにしても、諭吉のお母さんは大変だったことでしょう。

当時は、日本中に尊王攘夷の嵐が吹き荒れていた時代であり、外国の学問に詳しいというだけで暗殺される人もあったのです。そんな中で息子が外国に行くのですから、母親にも相当な風当たりがあったはずです。しかも諭吉の故郷というのは、大分の中津という中央から遠く離れた場所でしたので、外国に対する嫌悪感はことのほか大きかったことでしょう。

「諭吉は死んでしまった」「塩漬けにされて戻ってきた」などと親戚さえが言うのですから、母親としてはたまったものではなかったはずです。

それでも、文句らしい文句は言わずに諭吉を見守っていたのですから、やはり偉大ですね。

33 出発から帰国までの流れ

『福翁自伝』

現代語訳

船が出発したのは、文久元（1861）年12月のことだった。

イギリスから迎えの船として、オージンという軍艦がやってきて、その船に乗ってインド洋の香港、シンガポールなどの港に立ち寄り、紅海に入ってスエズに上陸する。

スエズからは蒸気機関車に乗ってエジプトのカイロに着き二晩ばかり泊まり、地中海に出てまた船に乗ってフランスのマルセイユに到着した。

そこからまた汽車に乗り、リオンという街で一泊してパリに着く。

パリでは20日ばかり滞在して使節としての行事を済ませ、イギリスに渡り、オランダ、プロシアの首都のベルリンに行った。

ベルリンからロシアのペテルブルグに行き、それからまたパリに戻り、船に乗ってポルトガルに寄った。

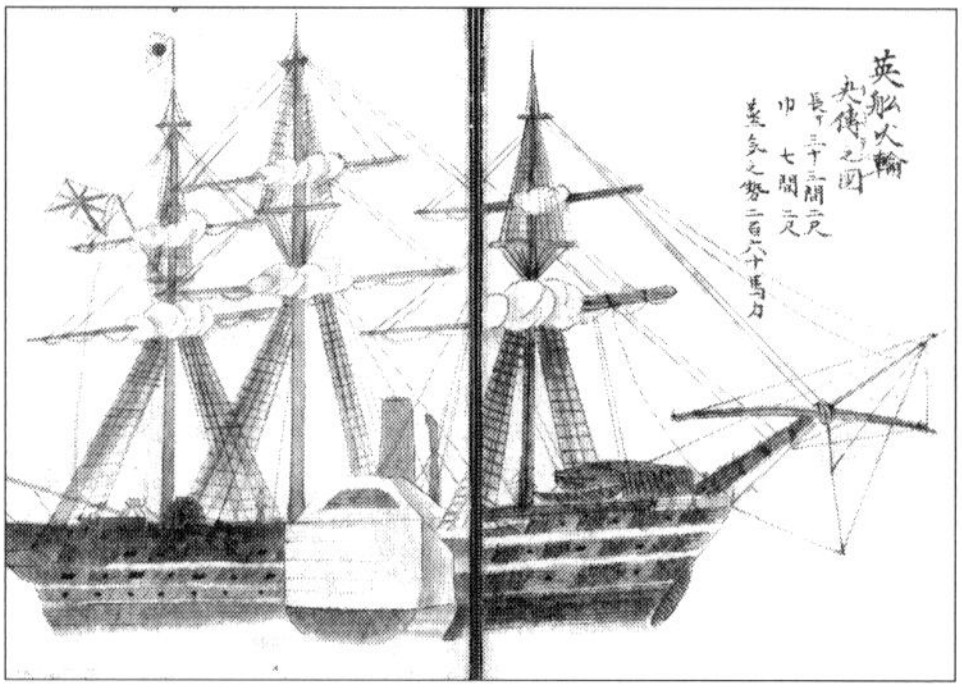

福沢ら幕府使節団の護衛についたイギリスの軍艦オーディン号

そこから地中海を通って、来た道を通って帰国した。その間の年月はおよそ1か年。すなわち、文久元（1861）年の冬に出発し、文久2（1862）年の暮れに帰国した。

この旅行のとき、私はすでに英語を読んだり話したりということが、そろそろできてきていて、しかも前にも言ったようにお金も少しもらっている。その金の使い道はなく、ただ日本を出発するときに一通りの旅装をしただけ。その当時は物価も安いからそんなにお金はかからない。その余ったお金で、ロンドンに滞在中、英書ばかりを買い込んだ。

これが日本における英書の輸入のそもそもの始まりで、英書が自由に手に入るようになったのはこのときからなのである。

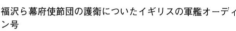

解説

この日本使節のヨーロッパ訪問には、イギリスとフランスが全面的に協力しました。というより、イギリスとフランスが招待したとさえ言えるほどの厚遇をしています。

往路はイギリスがオーディン号という軍艦を差し向けました。オーディン号は、船室をわざわざ日本人向けの壁紙や引き戸、風呂をつけるなどに改装したそうです。しかも、その改装に20日間ほども費やしました。

またイギリスは、この船の経費については日本側に一切請求せず、しかもイギリスでの滞在費もイギリス政府が負担しています。ほかの滞在国も、滞在費を請求しないか、かなり少額しか請求していないようです。

帰路はフランスが輸送船を手配しています（詳細は167〜169ページ）。

諭吉は、もらった手当金のほとんどを書物の購入に費やしたそうですが、これには背景があります。というのも、江戸時代、外国の書物を勝手に持ち込むのは禁じられていました。だから、蘭学者などは蘭学の原書を入手するのに非常に苦労したわけです。蘭書さえなかなか手に入らないのですから英書などはもっと困難だったのです。

諭吉はそんな中で、苦労して英書を入手し独学で英語を習得していたわけです。英書というものが、日本でどれほど大事なものかを諭吉は身に染みて知っているのです。だから、買えるだけの英書を買い込んだということです。

34 パリのホテルでの大騒動

『福翁自伝』『西航記』

現代語訳

一行の人数は40人足らず。

それが皆、和服を着て、大小の刀を腰にさげてパリやロンドンを闊歩《かっぽ》したのだ。

出発前、外国では食べ物で苦労するだろうということで、白米を箱に詰めて何百箱の兵糧を用意した。

また宿に泊まったときの灯りも必要だろうということで、廊下にともすための鉄網の行燈《あんどん》を何十台もつくり、提灯《ちょうちん》、手燭《てしょく》、ぼんぼり、ろうそくなどを大量に取り揃えて船に積み込んだ。

大名行列が東海道の宿場に泊まるときのようなつもりだったのだろう。

いよいよパリに到着して、フランス政府から接待の人が来た。こちらの要望としてまず、随行員や荷物が多いので一行はなるべく近い場所に宿泊したいということを伝えた。みな、外国は不案内で不安なので、お互い近くにいた方が安心だというわけだ。

それを聞いた先方の接待員は、すぐにいっさいを承知して、まずこちらの人数を聞き出した。総勢三十数人ということがわかってこういった。

「この程度の人数であれば、一つの宿で十分です。あなた方が20組、30組来ても大丈夫です」

そう言われてもこちらは何のことかさっぱりわからない。

が、宿に着いてその意味がわかった。

案内されて連れていかれた旅館は、パリ王宮の門外にあるホテルデロウブル（ホテル・ドゥ・ルーブル）という広大な家だった。5階建て600室、従業員500人、客は1000人以上も泊まれ、パリで最大の旅館だという。

職人、洗濯婦などもこの旅館に属しており、日常生活のすべてはこの旅館の中で足りる。館内の各所に使用人の居室があり、客室からは針金をひいた伝言機とつながっており、使用人を呼ぼうと思えばこの伝言機を引っ張ればよい。

この旅館は、宮殿（ルーブル宮殿のこと）に面しており、毎朝、護衛兵の交代の様子を見ることができる。パリには常備兵が8万人いるという。

この旅館は、我々にはあまりに広くて、自分がどこにいるか

福沢らが泊まったホテル・ドゥ・ルーブル

わからず、最初は廊下の道に迷うことが一番の心配だった。

各室には暖かい空気が流れる仕組みになっているから、ストーブもなければ蒸気もない。たくさんのガス燈が室内や廊下に設置されて照らされており、日が暮れるのもわからない。

食堂には山海の珍味が並べられ、どんな攘夷主義者も攘夷の念がなくなってしまうほどだ。みな、これらの料理を喜んで食べた。

だから日本から持ってきたものは無駄になった。ホテルの廊下に行燈をつける必要もないし、ホテルの台所で米を炊くこともできない。とうとう最後に持ってきた米や諸道具の一切を、接待係の下っ端のランベヤという男に贈呈したのは愉快だった。

解説

諭吉が述べている「ホテルデロウブル」というのは、ホテル・ドゥ・ルーブルのことだと思われます。ホテル・ドゥ・ルーブルは、1855年に建てられたフランスで最初のグランドホテルで、現在もフランスを代表するホテルとして営業を続けています。五つ星を50年以上も取っている名門ホテルです。ただし現在のホテル・ドゥ・ルーブルは、諭吉たちが訪れたときの場所から少し移転しており建物もかなり小さくなっています。

このホテル・ドゥ・ルーブルは現在のルーブル美術館に近接した場所にありました。ルーブル美術館は、もともとルーブル宮殿と呼ばれる宮殿に美術品を所蔵したのが始まりだったので、諭吉はこのルーブル美術館を宮殿と称したのでしょう。

まあ、立地としても最高のところにあったわけです。

フランス政府としては、当時もっとも進んだ設備を持っていたホテルに、日本の使節団を案内したのです。

数百室もある旅館などは当時の日本にはありませんでしたし、一日中、灯りがついている建物などもちろん入ったことはありませんでしたので、一行は目を丸くしたというわけです。

また諭吉は「日本から米や行燈などを持っていった」と述べていますが、このほかにも鞍や鎧などの武具、馬具やしょうゆをシャンパンの瓶に詰めて500本も持っていっています。

米は炊けませんでしたが、しょうゆは使用したようです。しかも滞在中、残りが少なくなったためオランダで売っていた日本のしょうゆを50本購入したとのことです。当時、オランダで日本のしょうゆが売っていたとは驚きですが、日本とオランダは江戸時代もずっと交易をしていましたので、日本の日用品の一部も入っていたのでしょう。このオランダのしょうゆは目が飛び出るほど高かったようです。

それにしても客室係のランベヤという人は、日本人からもらった行燈や提灯や米をどうしたんでしょうね？

35 殿様の大失敗

『福翁自伝』

現代語訳

まずこんなわけだから、われわれ一行の失敗談、笑い話は数限りない。

煙草を買いに行ったらシガーとシュガーを間違えて砂糖を買ってくるものがあり、随行していた医者が人参と思って買ってきたものが生姜だったこともある。

またあるとき、一行の一人が、便所の前で便所の二重の戸を開け放してボンボリ（手灯りのこと）を持って立っている。便所をのぞいてみると、殿様が奥の方で日本流に用を出している。その間、家来が殿様の腰のものを持って、便所の外で廊下で番をしているわけだ。

その廊下は公道であり、多くの男女がひっきりなしに通る場所であり、便所の中はガス燈で照らされており、丸見えである。

（私は以前にアメリカに行って欧米の便所のマナーをしっていたので）そこを通りかかったときに驚いたこと、驚いたこと。まず表に立ちふさがって何も言わないで便所の戸を閉め、その後、その家来殿にくわしく便所のマナーを話してきかせた。

解説

当時の日本使節団にとってヨーロッパ訪問というのは、カルチャーショックの極みのような体験だったようです。

「ホテルのトイレで扉を開けっ放しにし、その前に侍が手灯りを下げて立っている」というのは想像しただけでも笑いが出てくる光景ですね。

が、当時の日本人にとっては、欧米のトイレのマナーなど知る由もないはずです。たまたま諭吉は前年にアメリカに行っていましたので知っていただけで、そうでなければ諭吉も同じことをしていたかもしれません。

36 フランス皇帝に謁見する

『福翁自伝』

現代語訳

パリでは、皇帝に謁見するために、フランス政府が馬車を用意してくれた。車一両につき、馬が6頭ついていた。フランスでは、馬車の馬を8頭立てにできるのは皇帝だけだという。皇帝に次ぐような扱いということである。フランス政府は、非常に礼を尽くしてくれる。謁見のときは、皇帝、皇妃も同じ席上で日本使節団を接待してくれた。

解説

この当時のフランスは、ナポレオンの甥であるナポレオン3世が皇帝でした。いわゆるフランス第二帝政と呼ばれる時代です。

フランス政府から下にも置かないような接待を受けたというわけです。
実は、ヨーロッパ諸国は、この日本使節を非常に大切に接してくれています。フランスとイギリスなどは、どちらが先に日本使節団を自国に招待するかでもめて、調整がつかず、日本使節団の予定が一日延びたほどだったのです。そして、最終的にフランス政府が先に招待するということで話がついたのです。

なぜこれほどまでヨーロッパ諸国が日本を厚遇したのかというと、いくつかの理由が考えられます。

当時は帝国主義がもっとも激しい時代であり、ヨーロッパ諸国は少しでも自国の勢力を大きくしようとしのぎを削っていました。だから、日本と友好関係を築き、極東アジアに影響力を持ちたいという気持ちがありました。

また当時の世界の中では、ヨーロッパ諸国と友好的ではない国も多々ありました。アジアを見ても、中国をはじめ韓国、ベトナム、ミャンマーなどだいたいどの国も、ヨーロッパ諸国に強い警戒感や敵対心を持っていました。そんな中、極東アジアの日本が友好的な姿勢を見せて、使節団を送ってきたのです。ヨーロッパ諸国とし

フランス皇帝ナポレオン３世に謁見する幕府使節

てもそれはうれしいものだったようです。

そしてさらに日本は金をかなり持っていました。日本は戦国時代、世界有数の金銀の産地だったことは知られていますが、幕末においても、まだ相当の金銀を保有していました。また日本は、世界でも有数の生糸の産地でもありました。日本人自身が開国して初めて気づいたことなのですが、日本の生糸生産の技術は世界のトップクラスであり、質量ともに生糸大国だったのです。欧米では、産業革命で国が豊かになり、絹などの需要が高まっていました。絹の原料である生糸を大量に輸出してくれる日本は、欧米諸国にとっては注目の国だったのです。

つまり、日本は貿易相手としてもかなり良い条件を持った国だったのです。

そのため、欧米各国は日本使節団を大歓待したわけです。

37 ロンドン万国博覧会を見物

『西航記』文久2年4月16日（1862年5月14日）

現代語訳

ロンドンの万国博覧会に行く。

この万国博覧会はイギリスで去年計画され、今年の5月1日に開かれたものだ。万国博覧会というのは、世界中の製品、新発明の機械などを集め、多くの人に見てもらう催しである。

世界各国がそれぞれの名産品や工業製品などを送ってきてそれを展示し、機械などについてはその使い方を説明する技術者も来ている。

蒸気の動力で綿をつむいで布を織る機械があったり、薬品を使って氷をつくったり、蒸気の動力を使って水を汲み出す大きな機械などもあった。ほかにも新発明の火器、精巧な時計、農具、馬具、新しい砲台や船などの模型、古い書物や絵や器など、枚挙に暇がない。

これらのものが欲しい場合は、展示品をすぐに買うことはできないけれど、製造者に依頼すれば

1862年のロンドン万博を訪れた幕府の使節団

定価で買うことができる。

場内の一角には、日本の展示品もあったが数は少なかった。漆器、陶器、刀剣、和紙、そのほかは工芸品だけ。その中に、肥前藩の銀札（紙幣）が数枚あった。日本の展示品はほかの国に比べて数は少ないといえども、総価値は20万両以上だという。

会場は巨大な石造りの建物で、窓はないが室内は非常に明るい。

ここに入って見物をする者は、一人1シリング（日本の10匁《もんめ》あまりにあたる）を払う。一日の入場者は4、5万人。ヨーロッパ各国の王侯、貴族、商人なども皆来ている。そのためロンドンの旅館は部屋が足りない状態だという。

解説

諭吉たちがロンドンを訪れていたとき、ちょうど万国博覧会が開かれていました。万国博覧会は、

1851年にロンドンで初めて開かれ人気を博していました。この1862年の回は、3回目の万国博覧会であり、ロンドンでは2回目の開催でした。

西洋文明を探りにきた諭吉たちにとっては格好のイベントだったことでしょう。

驚くべきことにこのロンドン万国博覧会では、まだ開国して間もない日本からの出品もあったのです。幕府から正式に出品したのではなく、日本やヨーロッパの商人たちが中心になって行ったものと思われます。ちなみに、次の1867年パリ万国博覧会では幕府は正式に出品しています（薩摩藩と佐賀藩も出品しています）。

38 グリニッジビレッジを見る

『西航記』文久2年4月21日（1862年5月19日）

現代語訳

グリニッジビレッジは、世界的に有名な天文台である。

世界中の航海者たちが使っている「経度」というものは、この天文台が元になっている。

ここには海軍学校と、海軍の退役軍人たちを養う官舎がある。海軍学校には12、13歳から17、18歳までの少年が800人あまりおり、各人が一つの科を選択して学んでいる。

この海軍学校や退役軍人の官舎の運営費用は、昔からイギリス海軍が敵と戦って得てきた戦利品を売却したり、兵士たちが敵から略奪したものは5％を国に納めさせるなどをし、その金がどんどん膨らみ、現在では利息だけで賄えているという。

解説

今では信じがたいことですが、かつてイギリスでは、敵対国の船を見つけた場合、拿捕《だほ》して積み荷を没収していいという法律がありました。そして略奪したものの5％を国に納めるということになっていたのです。そのため、「プロの海賊」なども多数いて、そのプロの海賊たちがのちのちイギリス海軍となっていくのです。

たとえばマゼランに次いで、世界一周を行ない、スペインの無敵艦隊を破ったことで知られるイギリスの海軍提督フランシス・ドレイクは、もともとは海賊だったのです。エリザベス女王に見込まれて、国家プロジェクト的に海賊行為を行ない、後には海軍提督にまでなったのです。

1587年には、フランシス・ドレイクは王室肝いりの大規模な「海賊航海」を行ない、スペインの民間商船を襲いました。ドレイクは、この海賊行為で、イギリスに約60万ポンドをもたらし、エリザベス女王はその半分の30万ポンドを得たそうです（『世界史をつくった海賊』竹田いさみ著・ちくま新書）。

ただ、この海賊行為は、イギリスだけがやっていたことではなく、当時のヨーロッパ諸国はどこも敵対国に対して行なっていました。

イギリスは、そういう海賊行為などによる収益が蓄積され、海軍学校と海軍退役軍人の官舎を運営できるほどになっていたのです。

39 セントポール寺院を観光

『西航記』文久2年5月14日（1862年6月11日）

現代語訳

セントポール寺院は、イギリス最大の寺院である。院の高さは404フィート、東西の幅が500フィート、南北の幅が250フィート。堂の頂に登れば、ロンドンを一望に見渡すことができる。堂の下は地を掘って空間を広げ、その地下空間の中に、歴代の国王や名将の墓がある。ネルソン提督の墓もここにある。

解説

諭吉たちは、様々な「文明」の見学だけではなく、当然ながら普通の観光も行なっていました。

セントポール寺院というのは、今でいうセントポール大聖堂のことで、ロンドンを代表する観光地となっています。長さ157メートル、幅74メートルで高さは111メートルもある巨大で壮麗な大聖堂です。85メートル付近まで登ることができ、ロンドン市街を一望できます。

諭吉の述べているように地下室には埋葬施設があり、ネルソン提督などの著名人が埋葬されています。ネルソン提督とは、ナポレオン戦争でフランス艦隊を打ち破り、イギリス上陸を阻止した名将です。

福沢らが観光のために訪れたロンドンのセントポール大聖堂。図は19世紀後半のもの

40 最も親切だったのはオランダ

『福翁自伝』

現代語訳

ヨーロッパ諸国を回っている中で、待遇の細やかさではオランダの右に出るものはない。これは300年の友好関係からそうなっているのだろう。

ことに私をはじめ、一行の中で横文字が読める人というのは、まず最初にオランダ語を学んでいるわけだから、オランダにいると第二の故郷に帰ったような気がして、居心地がいい。

それはさておき、オランダに滞在中に面白い話がある。あるとき、使節がオランダのアムステルダムに行き、現地の名士やビジネスマンたちと懇談しているときのことである。

よもやま話のついでに日本使節の一人が「アムステルダムの土地の売買は自由ですか」と聞いた。すると現地の人が「土地の売買は自由自在です」と答えた。

「外国人にも売るのですか？」

「値段次第で、誰にでもどれだけでも売ります」

「ではここに外国人が大資本を投じて広く土地を買い占め、これに城郭や砲台を築くことがあったらそれでも売りますか？」

というと、現地の人は妙な顔をして

「そんなことは考えたことがありません。いかに英仏その他の国々に金持ちが多いといっても、他国の土地を買って城を築くようなバカな商人はいないでしょう」

と答えて、双方ともに要領を得ない様子だった。

私はこれを聞いていて実におかしかったが、当時の日本の外交戦略というのはこのレベルからスタートしたものだから大変だったわけだ。

解説

江戸時代、日本は欧米諸国との国交は持っていませんでしたが、唯一オランダとだけは交流していました。

だから江戸時代に西洋のものを学ぼうと思う人は、まずはオランダ語を習得したのです。そして日本の学問は、中国からもたらされたものや、日本独自に発展したものが主流でした。オランダ語やオランダの文化を学ぶという人たちは、当時としてはかなり変わり者であり、医者の息子か、かなり先進的な考えを持っている人に限られていました。医学については、オランダの先進性は、ある程度、認められていたのですが、それ以外の文化については日本では評価されていなかったのです。ところが黒船の襲来によって、事態は一変しオランダ語を学んでいる人や西洋の知識を身に着けているひとが非常に重宝されるようになりました。

オランダ語を学んできた人たちの多くは、かなり苦労して修学してきました。だから、オランダを訪れて、自分たちの学んだ言葉を使う相手がいるということは、非常に誇らしくまた心地よいものだったのでしょう。

後段では「土地の所有」に関しての、当時の日本人の感覚と国際常識との違いが述べられています。当時の日本では土地の売買は原則として禁止されていましたので、土地の売買が自由にできるということ自体が驚きだったものと思われます。

また土地の統治権と所有権の別がこのときの日本人にはまだ理解できていなかったようです。江戸時代の日本では、土地を我がものにすれば、その土地の統治権も付随しているものでした。将軍といえども、諸藩の大名の土地を統治することができませんでしたし、勝手に税をとったり軍を置いたりすることはできませんでした。

だから、土地を所有さえすれば、そこで徴税や軍事行動なども自由に行えると勘違いしたのでしょう。

41 パリの日本マニアとの交流

『西航記』文久2年3月19日（1862年4月17日）

洋行中、語学に堪能だった諭吉は、現地でたくさんの人と交流します。その中でも、パリのロニという人物とは、友人とさえいえる関係になります。

ロニは、中国語などを専攻しているうちに、日本に興味を持ちました。その当時の日本という存在は、ヨーロッパではほとんど知られておらず、文献なども非常に限られていました。そういう状況の中、17世紀の宣教師やシーボルトなどが書いた日本語の教本を参考にして、ロニは独学で日本語の勉強をしました。筋金入りの「日本マニア」というわけです。ロニは日本使節がフランスを訪れたときには通訳を任されました。ロニとしては、自分の学んできた国の人が来るという事で、非常にうれしかったようです。

諭吉など使節の「洋学派」たちと個人的な交流もしたようです。諭吉たちとロニとは手紙のやり取りをするほど懇意になっており、いろんなところに案内してくれたようです。ただロニは、日本語を不自由なく会話できるほどではなく、ある程度理解できるというくらいだったようです。

諭吉の渡欧中の日記である『西航記』から、そのロニとの交流を記した部分をご紹介しましょう。

幕府使節と懇意だったロニ

現代語訳

フランスの人にロニという人物がいる。中国語を学び、日本語も話す。時々、旅館に来て我々と談話して過ごす。

今日も来て談話している中で、ロシアのことに話が及んだ。

ロニが言う。

「去年、ロシアの軍艦が対馬に来て、すでに全島を占領したと聞いたが真実か」と。

私は、それはまったくのデマであることを説明した。

翌日、ロニが新聞を持ってきて、「ロシアが対馬を占領したという話が嘘だということは、この通りに新聞に書いて世間に知らせておいたから」と言った。

解説

ロニが、「フランスでは日本の対馬がロシアに占領されているという噂があるが、本当のところはどうなんだい？」と諭吉に聞き、諭吉は「そんなことは絶対ない、デマだ」というふうに答えたわけです。

驚くべきことに、翌日、その話はフランスの新聞記事に載ったのです。そして、ロニは、「この通り、新聞にちゃんと対馬占領の話はデマだったと載せておいたから」と諭吉に言うのです。

ロニが新聞に情報を提供したものと思われます。

ロニは、フランス政府の日本接待官でもあり、フランスでは日本を知る数少ない人だと認知されていたので、新聞に記事を提供することもできたのでしょう。

42

ロニの植物園案内

『西航記』文久2年3月28日（1862年4月26日）

現代語訳

ロニとともに薬園に行く。

薬園は、ただ草木だけじゃなく、禽獣魚虫玉石にいたるまで、全世界のものを集めたところである。暖かい地域の草木を育てるために、大きなガラスの部屋をつくり、中に鉄管を何本か並べ蒸気を出して温度を上げる。だからこのガラスの室は、真冬でも常に80度以上の温度があり、インド地方の草木でもよく繁殖している。禽獣魚虫もそれぞれがその性質に応じて生育されている。海の魚はガラス器に入れ、時々新鮮な海水を入れて、生育している。

解説

ここでいう薬園というのは、パリ植物園のことだと思われます。パリ植物園はかつては王立の薬草園だったもので、セーヌ川沿いにある、東京ドーム5個分もの面積を持つ広大な動植物園です。パリ植物園ではロニが園内のものを一つ一つ解説してくれたのでしょう。

43 ロニの好意

『西航記』文久2年7月22日&閏8月3日（1862年8月17日&9月27日）

現代語訳

〈7月22日〉

パリのロニが（ペテルブルグまで）たずねて来る。

この人は日本語を理解し、英語も話せる。日本使節がパリに滞在しているとき、しばしばホテルに来て私と語らった。

使節がオランダに滞在しているとき、フランス政府の命を受け、日本人に会うためにハーグにきた。ハーグには20日間ほどいたが、母が病になったので一旦パリに帰り、今度また日本人を訪ねてベルリンにきた。

しかし、我々はすでにベルリンを発っていたので、このペテルブルグまでやってきたのだ。ベルリンからペテルブルグまでの道のりは800里（約3200キロ）。列車に乗って来るのに400フランかかる。

ただ私に会うために来たのだ。ヨーロッパの一人の奇士である。

〈閏8月3日〉
ロニとともに、図書館に行く。
パリに図書館は七つあり、今日行ったところはその最大のものである。書籍は150万冊もあり、この本を一列に並べれば長さ28キロにもなるという。

解説

ロニは、日本使節団が行くところ行くところについてきて、様々なところを案内したり、いろいろな相談に乗ったりしてしていたようです。

このように、日本の使節団になみなみならぬ好意を示してくれたロニは、その後、フランス国立の東洋語学校で教授を務めるなど、フランスにおける日本研究の第一人者のようになります。明治16（1883）年には勲四等旭日小綬章を授与されています。

44 日本使節は欧州でも鎖国をしていた⁉

『福翁自伝』

現代語訳

私がこの前、アメリカに行ったときにはカリフォルニアにはまだ鉄道がなかったから、鉄道を見たことがなかった。

しかし、今回はスエズに上陸したときに初めて鉄道に乗り、その後はヨーロッパ各地に行く場合は鉄道ばかりである。

いたるところで歓迎され、陸海軍の基地をはじめ官民の諸工場、銀行、会社、寺院、学校、倶楽部などはもちろん、病院に行けば解剖も見せてくれる、外科手術も見せてくれる。各地の名士の家に招待されて、晩餐をふるまわれたり、舞踏を見物したり、誠に親切に案内してくれ、くたびれるほどだった。

ただここで一つおかしいことに、日本はずっと鎖国をしていたわけだが、この使節団の中にも鎖国の気分のままの人が多かったのだ。

しかも使節の中には、お目付け役という役目の人がいて、その人に属する役人が数名いる。そのお目付け役たちは、使節団の人々の行動を逐一監視している。

だからなかなか外国人に会うのも難しい。

使節団のほとんどは幕府の役人なのだが、その中に私の学友である箕作《みつくり》秋坪《しゅうへい》と松木《まつき》弘安《こうあん》がいた。

私とその二人だけはほかの使節団の人とは別で、できる限りなんでも見ようと動き回る。

それが幕府の役人たちの目には面白くないと見え、しかも三人とも陪臣（徳川幕府の直属の家臣ではない）で洋書を読解するので油断できないとばかりに監視をする。

何か見物に出かけようとすると必ずお目付け役の誰かが同行しなくてはならないという決まりになっていて、始終ついて回る。

こっちはもとより密売するわけでもなく、国の秘密を漏らすわけでもないが、妙な役人がついてくるのはただただうるさい。うるさいのはまだ我慢できるが、お目付け役に別用がある場合は、我々が外にでることができない。それははなはだ不自由なことだった。

福沢の友人である箕作秋坪

私はそのとき「これはまあ何のことはない。日本の鎖国をそのままかついでヨーロッパ各国を巡回するようなものだ」といって、三人で笑ったことがある。

それでも私たちは見たいものは見て、聞きたいものは聞いた。

解説

ここに登場する二人の学友のうち箕作秋坪というのは、津山藩士で諭吉とは洪庵塾でオランダ語を学んだ仲です。

そして、松木弘安というのは薩摩藩士の寺島宗則《てらしまむねのり》のことで、諭吉が江戸の中津藩邸で蘭学塾をしているときに学びにきていたのです。松木は後の外務卿《がいむきょう》（今の外務大臣）に、箕作は東京図書館（今の国会図書館）の館長になるなど、明治日本で指導的な立場になりました。

幕府としては、諸藩の者たちを外国で勝手に動き回らせるわけにはいかず、外出するときには必ず幕府の役人も同行するという決まりになっていたようです。

諭吉ら「洋学派」としては、それが煩わしくてたまらなかったのでしょう。

ただ、この諭吉の「日本使節団は鎖国している」というのは大げさな表現です。

ほかの日本人たちも、工場や動植物園、博物館、軍事施設などを精力的に見学に行っています。諭吉らのように寸暇も惜しんでということではなかったかもしれませんが、ホテルに閉じこもってじっとしていたということではありません。

諭吉たちから見れば、これまで書物でしか知ることのできなかった西洋の文明をじかに触れることができるわけで、寸暇《すんか》を惜しんで見て回りたいという心境だったことでしょう。にもかかわらず幕府の役人の都合で、自分たちが外出できないこともあったので、その恨みもあったものと思われます。

45 手術を見学して気絶する

『福翁自伝』

現代語訳

ここで私は恥を一つ言わなければならない。

私は少年のころから元気のある男で、大言壮語をすることもたびたびあるが、生まれつき気が弱い性分で、殺生が嫌い、人の血を見るのが嫌いである。

洪庵塾にいるときには、健康のために血を抜くという「刺絡《しらく》」が流行し、同窓生はもちろん私も針を刺して血を取ったことがある。ところが私は自分でも他人でも血が出ているのを見ると気分が悪くなるから、しっかり目をつぶってみないようにしている。

腫物ができても針を刺すことはまず「見合わせたい」と言い、ちょっとしたケガでも血が出ると顔色が青くなる。

都会でときどき見られる行き倒れの死人、首くくり、変死体などは絶対に見ることができない。見物どころか死人の話を聞くだけで逃げて回るというような臆病者である。

遣欧使節に参加した松木弘安。薩摩藩出身で医師

ところがロシアに滞在中、ある病院で手術があるから見学に来いという案内が来て、箕作秋坪も松木弘安ももとが医者だからすぐに出かける。私にも一緒に行けと無理に連れていかれた。

外科室に入ってみれば、石淋《せきりん》（膀胱《ぼうこう》の結石）を取り出す手術で、執刀の医師は合羽を着て病人をまな板のような台の上に寝かして、クロロホルムをかがせてまずこれを寝かせ、それからその医師が光りかがやく刀を執ってグッと刺すと、たいそうな血がほとばしって医師の合羽は真っ赤になる。それから刀の切り口からくぎ抜きのようなものを突っ込んで、膀胱の中にある石を取り出す。

が、そのうちに私は変な気分になって何だか気が遠くなった。すると同行の山田八郎という男が私を助けて室外に連れ出し、水など飲ませてくれてやっと正気に戻った。

その前のドイツの眼病院でも、ヤブニラミの手術といって子どもの眼に刀を刺すところを半分ばかり見て、そのときは急いでその場から逃げ出して事なきを得た。松木も箕作も私に意気地がないといってしきりに笑って冷やかすけれど持って生まれた性質は仕方がない。生涯この性質のまま死んでいくだろう。

解説

前述した二人の学友、箕作秋坪と松木弘安はもともと医者です。江戸時代、蘭学を学ぶものは医者が多かったのです。ちなみに幕末の長州藩で指導者的立場にあった大村益次郎も、もともとは医者で諭吉らと同じ大坂の適塾で蘭学を学んでいました。

学友二人は医者だけに西洋の医学の見学に励みます。手術を見せてくれると言えば、喜んで行ったのです。そこに諭吉も連れていかれ、気絶するという醜態をさらしてしまったわけです。

この文章の前段に出てくる「健康のために血を抜く刺絡」というのは、別名「瀉血《しゃけつ》」ともいい、わざと血を抜くことで今でいう「デトックスをする」という健康法です。幕末に流行し、戦前まで行われていました。昨今では科学的根拠がないとしてほとんど行われていませんが、「古い血を抜けばデトックスになる」として一部の医療機関では今でも行われています。

46 病院はいかに運営されているのか

『西洋旅案内』

現代語訳

病院というものを見た。

パリには大小の病院が合わせて13か所ある。

今日見たのは病院の中で最大のものではない。

病院の施設は男子部、婦人部の二つに分けられ、それぞれに九つの室がある。一室には32のベッドがあった。

パリの病院では一つの病院に医者が8名から15名くらいおり、もっとも大きな病院には30名いる。介抱人もいて、男子部には男性の介抱人、婦人部には女性の介抱人がつくことになっている。そして病人50人に対して介抱人10名をつけることが定められている。

また介抱人のほかにノンという、病院の手伝いをする者たちがいる。

このノンは、老若の婦人たちで、病人の世話をするために自発的に働いているものである。病人を助けることを神に誓い、男女の交わりを絶ち、日本の尼僧のようにして病院で働いているのだ。だから、このノンは、男性の患者にも女性患者にも接している。

ノンは、自発的に病院に来ているので、給料はもらわず、ただ衣食が支給されているだけである。そのため、働き期間も定められておらず、もし病院が自分の意にそぐわないときには明日やめることもできる。

13の病院はパリの各所にあるが、宮殿の近くにすべての病院を統括する役所があり、病院に行きたい者はまずこの役所に行って申し込まなくてはならない。

病院の運営費は、全部、政府が出しているわけではない。

病院を建設するときには国民から収入に応じてお金を出させ、病院を修理したり、診察したり患者に薬を与えるときの費用は、次のような方法で賄っている。

第一、裕福な人からの寄付

第二、芝居、見世物などの娯楽の事業者から収益の4割を病院に納めさせている

第三、患者が一日いくらかの入院料を支払う。貧困者は無料

第四、政府が質をとって貸金を行い、質が流れたときの競売の収益を病院に回す

これらは、普通の病院のことである。

このほかに、陸海軍の病院、貧困者の養老院、貧困者の乳児院、盲学校、聾唖学校などもある。これらの費用はすべて政府が出している。しかし、貧困者ではない家庭の聾唖者などが技術を身につけるためにこれらの学校に行く場合は、学費を出すことになっている。

解説

諭吉たちは渡欧中、病院や福祉施設なども精力的に見学しています。

普通の市民が病気やケガを治すことができ、入院療養もすることができる病院というものが、どういう仕組みでつくられどう運営されているのか、それを丹念に理解していこうという姿勢がこの文章から感じ取れます。

ここに出てくるボランティア的に働く「ノン」というのは、修道女のことです。修道女のことはフランス語でnonneというのです。

47 ロシアでマンモスを見る

『西航記』文久2年8月9日（1862年9月2日）

現代語訳

ペテルブルグの博物館に行く。

この館は、動物、鳥、魚、昆虫類の展示を専門としている。特筆すべきは、マモウト（象科）という大獣である。これは1786年にシベリアから持ってきたものだ。

この獣は、いわゆる前時代の生き物だが、北の極寒の地で氷雪の中に埋まり、千万年の間、腐敗せずにそのままの体を保っていた。1786年は、たまたま夏が暑く、その地の氷雪がわずかに解けたとき、野獣が群がって大獣の死骸の肉を食べているのを見た者がいた。珍しいものだったので、野獣が食い残した骨や皮を集めてペテルブルグに送り、この博物館に納めたという。

今も、頭部の肉皮はそのまま残っている。象に似ているが、象より3尺、4尺（1メートル前後）大きい。奇獣というべきものだ。

ペテルブルグの博物館に、この獣が展示してあることは、以前、洋書を読んで知っていたが、今日、初めてその実物を目撃できたわけだ。

また館内に紙で作られた地球の模型がある。ドイツの一諸侯からロシア皇帝に贈られたものだという。球の直径は18尺（約5メートル40センチ）で、この球の内面に天文が描かれており、球内に入ってこれを見る仕掛けになっている。このような大きな球はヨーロッパ諸国でも見たことはない。

解説

ここで諭吉の見た大獣のマモウトというのは、マンモス科のマムートのことです。4000万年前から1万1000年前くらいまで生息していた象に似た動物です。

当時、すでに日本にも象は入ってきており見世物などになっていました。そのため「象に似ている」という記述になったのでしょう。

後段に書かれている「紙でできた地球の模型（原文では「地球のひな型」）」というのは、今でいうプラネタリウムのようなものと思われます。球体の中に入って、球の内側に描かれている天体（星座）を眺めるという仕組みになっているのでしょう。

48 「当たり前」が不思議なことだらけ

『福翁自伝』

現代語訳

私が欧州を巡回するにあたって、決めていたことがある。

それは、「書籍では調べられないことを聞く」ということである。西洋のことは原書を読めば知ることができるが、西洋人にとってごく当たり前のことについては原書には書いていない。しかし、そこが我々にとっては理解できないことが多いのだ。

だから原書を読んでいてわからない部分について西洋人に聞こうと思ったのだ。

理化学、器械学、電気、蒸気機関、印刷、諸工業の技術などについては、いちいち細かいことまでは聞かなかった。私はその専門ではないし、一通りのことは原書を読めばわかる。

それよりもたとえば、西洋には病院というものがあるがその運営費用はどういう方法で誰が出しているのか、銀行というものがあるがこの金の出し入れはどうしているのか、郵便制度とはどういうものなのか、フランスには徴兵制がありイギリスにはないというが徴兵制とはそもそも何なのか、その辺の事情がまったくわからない。

それからまた政治上の選挙法というものが皆目わからない。わからないから「選挙法とはどんな法律で議院とはどんな役所なのか」と西洋人に尋ねると、ただ笑っている。何を聞くのか、わかりきったことを聞くなというようなわけだ。それがこっちはわからないので始末がつかない。

またイギリスの議会には保守党と自由党という徒党のようなものがあって、双方負けず劣らずしのぎを削って争っているという。

何の事だ？　太平無事の天下の政治上で喧嘩をしているという。さあ、わからない。こりゃ大変なことだ、何をしているのか知らん。少しも考えのつこうはずがない。

あの人とこの人は敵だなんていっておいて、同じテーブルで酒を飲んで飯を食っている。少しも理解できない。

それがほぼほぼ分かるようになるまではかなり時間がかかり、もっと入り組んだ事柄になると五日も十日もかかってやっと胸に落ちるというようなわけだ。それが今回の洋行の利益だった。

解説

「書籍では調べられないものだけを現地で知る」

というのは深い言葉だと思われます。

この言葉には、「書籍で知ることができるものはすべて自分で学ぶ」という覚悟のようなものと、「書籍に載っていないことを現地でできるだけ解明しておきたい」という切実な願望のようなものが交じり合っているようです。

どうにかしてできるだけ多くの西洋文化の情報を日本に持ち込みたいという、当時の諭吉たちの熱意が伝わってきます。

今では当たり前に存在する病院や銀行が、江戸時代にはありませんでした。当時の日本人には病院や銀行の概念さえ、想像がつかなかったのです。

しかし病院や銀行はヨーロッパではすでに当たり前に存在しているものなので、わざわざそれを書物で解説してくれたりはしません。だから、諭吉たちは、そういう西洋では当たり前のことを一つずつ聞き、理解し、日本に導入していったわけです。

明治の先代たちが近代国家日本をつくる苦労は並大抵の事ではなかったということですね。

49 ロシアの脅威を肌で感じる

『福翁自伝』

現代語訳

ヨーロッパ滞在中に非常に情けなく思ったこともある。

当時の日本では、外国を打ち払えという攘夷論がさかんになり、その一方で外交は不始末だらけ。今回のヨーロッパ巡行でロシアに行った際にも、日本使節側から樺太の国境の問題を持ち出して話し合おうとした。その談判の席には、私も出席していたが、先方はまったく取り合ってくれない。

日本使節側が日本の地図を持ち出して、「この地域はこういう色になっている。だからここが境になるはずだ」というと、先方は「地図の色で国境が決まるのなら、この地図をみな赤くすれば世界中がロシアの領土になってしまうだろう。またこれを青くすれば世界中日本の領土になるだろう」と答える。こんな調子でまったく埒が明かない。

私はそれをそばから聞いていて、これではとても駄目だ、日本の物がわかっていない奴らが空威張りして攘夷論がさかんになればなるほど、日本は国力が弱くなるだけの話で、このまま行けば最後にはどうなってしまうのだろうと、実に情けなくなった。

解説

日本使節団は、ただヨーロッパを巡遊するだけではなく、各国と様々な問題を談判するという目的もあったわけです。

そしてロシアとは、樺太での国境問題を抱えていましたので、日本側はそれを談判しようとしましたが、ロシア側はまったく受け合ってくれなかったということです。

幕末の欧米の脅威というと、アメリカの黒船やアヘン戦争でのイギリスなどが取りざたされますが、ロシアも大きな脅威でした。日本が自国領だと考えていた樺太に、ロシアはどんどん進出し人が入ってきていたのです。

そのロシアに対して、「地図の色がこうなっているからこれは日本領だ」などと子どもじみたことを言い、ロシアに対抗できる実力はまったく持っていない日本に強い危惧を覚えたわけです。

「攘夷、攘夷と言っていれば外国が打ち払えると思ったら大間違いだ」

という福沢諭吉の主張が濃く表れた文だといえます。

50 ロシアにいた謎の日本人

『福翁自伝』

現代語訳

ロシアは談判では冷淡な対応だったが、我々に対するもてなしは手厚いものがあった。

ロシアのペテルブルグ滞在中、ロシア政府は日本使節一行のために特に官舎を貸し渡してくれ、接待委員が4、5人いてその官舎につきっきりでいろいろ饗応してくれた。その饗応の仕方が非常に手厚く、何一つ不自由がないほどだった。

公用がないときは名所旧跡や、各所の工場などを案内して見せてくれた。

そのうちだんだん接待委員やそのスタッフたちと懇意になって世間話もするようになった。その話の中で、ロシアに日本人がいるという噂を聞いた。それは間違いない事実だと思われる。名はヤマトフといって日本人に間違いないらしい。

その噂は接待委員から直接聞いたのではなく、その周辺の人から伝え聞いたことなのだが、「公然の秘密」というような感じだった。

そのヤマトフに会ってみたいと思ったが、なかなか会うことはできなかった。

そういえばロシアの官舎での接待は、日本風のことがたくさんあった。

たとえば、室内に刀掛けがあり、寝床には日本風の木の枕があり、湯殿には糠《ぬか》を入れた糠袋があり、食べ物もつとめて日本風にしてあり、箸や茶わんなども日本のものに似ている。これらはロシア人の思いつくものではないはずだ。

やはり噂通りどこかに日本人がいるのは間違いない。

しかし、とうとう最後まで会えずに帰ってきてしまった。

解説

ここで述べられている正体不明の日本人は本当に実在します。

掛川《かけがわ》藩の脱藩浪士の増田甲斎《ますだこうさい》という人物です。

増田は伊豆でロシア人と知り合い、日本の辞書を貸したところを幕府に見つかり捕縛されました。が、ロシア人宿舎に逃げ込んでそのままロシア船でロシアに渡ります。その後、紆余曲折を経て、ロシアの外務省に入ります。

日本の使節団がロシアに来たときには饗応を任されていました。この諭吉らの訪ロのときには姿

ロシアの外務省で働いていた増田甲斎

を現していませんでしたが、その後の岩倉使節団の訪ロのときには姿を現して接待をしました。このとき岩倉具視に説得され日本に帰国します。

51 ロシアで働いてスパイになる？

『福翁自伝』

現代語訳

ある日のこと、接待委員が私のところに来て、ちょっとこちらに来てくれと言って、一室に私を連れて行った。

話をしていると、私の一身上のことに及んで、「お前が日本でこれから何をするのか知らないが、日本では金持ちか？」と尋ねたので私は「金持ちではない。日本の政府の仕事をいくらかしているので、衣食に差支えがあるものではない」と答えた。

すると、接待委員は、「我々は日本のことは詳しくわからないが、日本は小国である。男は小国にいても大した仕事ができるわけはない。心を変えてこの国にとどまらないか」と言う。

私が「私は使節の一員として来ているので、自分勝手にとどまれるものではない」と答えると彼は「いやそれは簡単な話だ。お前さえ決断して今から隠れる気になれば、すぐに私が隠してやる。どうせ使節は長くここにはおらず、間もなく帰る。帰ればそれっきりだ。そしてお前はロシア人に

ロシアのサンクト・ペテルブルクで撮影された福沢諭吉の写真

なってしまいなさい。このロシアには外国の人はいくらでも来ている。特にドイツの人は非常に多い。そのほかにオランダの人もいればイギリス人も来ている。だから日本人が来ていたからといって何も珍しいことではない」

「ぜひここにとどまれ。とどまることになれば、どんな仕事でもしようと思えば面白い愉快な仕事はたくさんある。衣食住の安心はもちろん、ずいぶん金持ちになることもできるからとどまれ」

と丁寧に説明する。決して悪ふざけで言っているのではない。ちゃんと一室に差し向いでまじめに話し合ったのである。

しかし、私がここにとどまる必要もなければとどまる気もない。いい加減に返事をしておくと、その後も二、三度同じことを言ってきたが、もちろん話はまとまらない。

そのとき私は思った。

ロシアという国は、欧米の中でも一種違った国に違いない。

今回、英仏に滞在し、また去年アメリカに行ったときにも、現地の人と話をすれば日本に行きたい行きたいという人が多い。何か日本に仕事はないか、どうにかして一緒に連れて行ってくれないか、それは行く先々でうるさいように言われるけれど、ついぞこの地にとどまれなどとはただの一度も言われたことがない。

ロシアに来てはじめて言われたのだ。その意味を推察すれば、これは決してその人のビジネス上の話ではない。政治上、外交上の意図があるに違いない。言葉に意味を含ませてとどまれと言うところを見れば、何か陰険の手段を施すためじゃないかと思ったこともあった。

しかし、そんなことをほかの日本人たちに話すこともできない。言えば、どんな嫌疑を受けるか知れない。だから、そのときに話さなかったのはもちろんのこと日本に帰ってからも決して人には言わずに黙っていた。もしかしたら、そういうことを言われたのは私一人ではなく、同行の人も同じことを言われて私と同じ気持ちで黙っていた者がいたかもしれない。とにかく気心の知れない国だと思われる。

解説

諭吉に、「日本に何か仕事はないか、どうにかして一緒に連れて行ってくれ」と頼んだ欧米人というのは、政府高官などではなく、現地のホテルなどで働いている人だと思われます。諭吉は英語が話せたので、現地の人と積極的にコミュニケーションをとっており、そういうことを言われていたのでしょう。

ロシア人の接待係も、決して政府の高官ではないはずで、打ち解けて世間話をするようになったと思っていたのが、こういう極秘事項を持ち掛けられて非常に困惑したものだと思われます。

また、この自伝を書いているとき、日本とロシアは険悪な関係になりつつあるときでした。そういう面でも、ロシアのお国柄を自分の知っている範囲で伝えたいという気持ちもあったのではないでしょうか。

52 フランス政府が急に冷淡に

『福翁自伝』

現代語訳

ロシアからフランスにもどり、帰国の途につこうという段になって、日本で生麦の大騒動が起きた。すなわち、生麦でリチャードソンというイギリス人を薩摩の侍が斬ったという事件である。この事件が世界に報じられ、ナポレオン3世のフランス政府がわれわれ日本人に対して冷たくなった。フランス国民はどうか知らないが、政府の対応の冷淡さははなはだしい。ホストの方がそういう態度などだから、客である我々の居心地の悪さはどうにも言いようがない。日本使節は、パリからロシュフォールという港町まで列車で行き、そこから出航することになっていた。

列車を降りてから港の船までの道は10町あまり（1キロあまり）もあったかと思う。日本使節は昨夜から蒸気機関車に乗ってきたため安眠できず非常に疲れていた。しかし少しも休息時間を与えずに船にすぐに乗れという。しかも馬車も用意されておらず、徒歩で向かわなくてはならなかった。

生麦事件の現場

この船までの道の両側には、兵隊がずらっと並んで見送りをしていた。

これは礼を尽くしたというより、威圧の意味があったに違いない。兵士をいくら並べても鉄砲を撃つわけではないから怖くもなんともないけれど、その苦々しい有様というのは実にたまらなかった。

解説

生麦事件というのは、ご存じのように、薩摩藩の大名行列をイギリス人たちが横切ったために、薩摩藩士が斬り捨てたという事件です。

滞欧中に、生麦事件が起きるという何とも気まずい話ですね。

列車から降りた後、1キロ以上の道のりで兵隊に囲まれた中を歩くというのは、さぞいたたまれない気分だったでしょう。それにしても、それまで下にも置かない待遇をしていたのが、急変して馬車も用意してくれないとは、フランス政府も大人げないことではあります。

しかも、この遣欧使節団を運ぶ主たる船は往路はイギリスが、復路はフランスが準備する手はずになっていました。だから、日本使節団は、この先、フランスの船に乗って日本に帰ることになるのです。

フランスは当初は豪華な船を準備する予定でしたが、急遽、老朽艦に差し替え船内での待遇もひどいものでした。従者などは大部屋に詰め込まれ食事もろくに与えられなかったので、使節団から正式に抗議をしたほどでした。

幕末に欧米に赴いた日本人はけっこういますが、日本は激動の時代だったために、旅行中、日本の政局の影響を受けることもしばしばありました。

伊藤博文や井上馨《いのうえかおる》は、イギリスに密留学しているときに、母藩の長州藩が下関で外国船への砲撃を行なったために、急ぎ帰国しています。

また渋沢栄一らの幕府の西洋留学団は、留学中に戊辰戦争が起きて帰るに帰れなくなり、金が続くまで留学を続け、ようやく帰国したときには、幕府は消滅していました。

第四章　アメリカ航路の案内

当時、日本からヨーロッパに向かう船便は、これまでご紹介してきた「インド洋沿いにアジア、アフリカをつたってヨーロッパに行くルート」と、これからご紹介する「太平洋を渡ってアメリカに行きアメリカからヨーロッパに向かうルート」がありました。

諭吉の『西洋旅案内』の後段では、アメリカ・ルートの案内をしています。

アメリカを経由するのですから、もちろんアメリカという国も見聞することになります。アジア、アフリカをつたうルートとはまた違った魅力があるのです。

本章では、そのアメリカ経由ルートをご紹介していきたいと思います。

53 アメリカ経由でヨーロッパへ

『西洋旅案内』

現代語訳

アジアからヨーロッパに行く船便には、香港からアメリカを経由してヨーロッパに行くものもある。

この船便は、往復の途中で日本へ二度、立ち寄ることになる。

ただし、この船便は上海には立ち寄らない。そのため上海の客を乗り降りさせるため、横浜から長崎を経由して上海に行く便もある。

この横浜↓上海便は、横浜に戻ってきたときにちょうどアメリカ便に接続するようになっている。

また横浜↓上海便は、横浜と長崎の移動にも使える。

香港発アメリカ、欧州行きの船便は、これまで年に4便しかなかったが、おいおい新船が投入される予定で、今後は月に一、二度にはなるだろう。

横浜からアメリカのサンフランシスコまでは、おおよそ2500里（約1万キロ）、22〜23日の船旅である。

太平洋は、世界でもっとも大きな海である。

サンフランシスコは、地図の上では日本の真東にあたるが、これまでの帆前船では潮流や風の関係により、行きは太平洋の北側のルートをとり、帰りは南側のルートをとっていた。

しかし、今回、特別に大きな船がこの定期航路に投入されることになった。この船は、蒸気エンジンの力が強く、帆に頼らずに航行できるので、太平洋の真ん中を横切って直接、サンフランシスコに行くことができる。

だから、22~23日の船旅の間、山も島も見ず、茫然と空を行くように海を進む。

波風のない夜に、甲板に出て月を眺めたりすれば、その景色は寂しくもあり、面白くもある。なんとなく人の気持ちを揺さぶるものである。

解説

諭吉がこの『西洋旅案内』を書いたのは明治維新直前の慶応3（1867）年です。このときすでに、年に4回とはいえ日本からアメリカ、ヨーロッパに行ける定期航路がつくられていたとは驚きです。

諭吉は、「以前の船は潮流や風の関係により、行きは太平洋の北側のルートをとり、帰りは南側のルートをとっていた」と述べていますが、これは当時の船の事情に関係しています。

幕末当時の船は、蒸気船といえども帆をつけているものが多く、そういう船は通常は風を利用して航行し、風がないときや港に出入りするときにだけ蒸気エンジンを使っていました。日本が開国し、欧米からたくさんの船が来航するようになっても、その船の多くは蒸気エンジンだけじゃなく、帆もつけていたのです。

その帆前船が太平洋を渡るときは、風や潮流が激しいので、行きは海の北側、帰りは南海の側を行っていたということです。海の真ん中を通らずに端を通るということは、もちろん、時間がかかります。

諭吉が最初にアメリカに渡ったときは、日本人が運航した咸臨丸《かんりんまる》を使っています。この咸臨丸も蒸気機関がついていましたが基本的には帆前船であり、風を動力としていました。だから、行きは北側、帰りは南側の遠回りルートをとることになり、38日もかかりました。

が、慶応2（1866）年の諭吉の2回目の渡米では、開設されたばかりの香港―アメリカ定期航路の船を使いました。この船は蒸気エンジンだけで走る「完全な蒸気船」であり、横浜からサンフランシスコまでわずか3週間程度で到着したのです。

しかも帆前船に比べれば揺れも少なく、快適な船旅だったようです。

54 ハワイの欧米化を目にする

『西洋旅案内』

現代語訳

日本からアメリカ・サンフランシスコの航路の途中に、サンドイッチ（ハワイ）という島がある。船は、状況によってこの島に立ち寄ることもある。

サンドイッチ（ハワイ）は、日本とアメリカの中間にあり、ややアメリカ寄りの位置である。この辺は熱帯地域なのだが、その割には過ごしやすい。硫黄、砂糖、綿、タバコ、芋類、小麦などがとれる。

今から88年前にイギリスのキャプテン・クックがこの島を発見した。そのときには、島には30万人の現地人がいたが、その後、捕鯨漁に出て帰還しなかったり、天然痘などの疾病により人口が減少し、今では10万人以下になってしまった。

島には王がいて、その王家の名前はカメハメハという。ホノルルという港に居住している。

このカメハメハ王は、国王としてすでに西洋の国々とも条約を結んでいる。行政や徴税についてはアメリカ人に委任している。このように島国といってもやり方によっては世界に侮られるわけではないのだ。

この島では、長年、外国人と交際し、先進の文化も取り入れており、最近では各所に学校もつくり、若者たちは英語の勉強をしている。

ただし現地人の風俗はみすぼらしい。人々は色が黒く、たいてい裸同然で、裸足で生活している。住居は床もない小屋である。

このような見苦しい島人の中にも、売春婦はいる。しかし、10人が10人、悪い性病にかかっているとのことであり、驚くような風貌をしている。

これから旅行する人には、そういう心得違いをする人はいないと思うが、くれぐれも用心してほしい。

解説

ハワイは昔、サンドイッチ島と呼ばれていました。

当時のハワイは、日本と同じような経緯で欧米との通商を余儀なくされ、アメリカや英仏の圧迫を受けながらも、一応、独立を保っていました。福沢諭吉はこのハワイを見て「島国でも世界から

ハワイ王国の王カメハメハ１世

侮られることはない」と、ハワイを日本の目標とすべき国のように記しています。

が、残念ながら、この諭吉の見方は甘かったといえます。なぜならその後、ハワイは、移住してきたアメリカ人たちのクーデターによって王政が倒され、19世紀末にはアメリカに併合されてしまうからです。

諭吉のこのころの文章は、欧米の先進文化を畏敬するあまり、欧米の「えげつない侵攻」についてはあまり深く洞察していない傾向にあります。

諭吉は、「欧米の人たちは約束を守り信義を重んじる」「高度な文化を持った人たち」という意識が強すぎて、「表面上の信義は守るけれども、いろんな理屈をつけて侵攻していく」という欧米列強の汚い部分については、あまり感じ取らなかったようです。

そして、欧米人以外の国の人たちには、「みすぼらしい」などとかなり手厳しいことを述べています。

これも、欧米の文化に対する驚嘆が大きすぎて、その落差として、遅れている地域のことが余計にみすぼらしく見えてしまったのでしょう。

55 ハワイの人たちを観察

『万延元年アメリカハワイ見聞報告書』

現代語訳

ハワイの現地の人は、人種は黒人だけれど、純然たるアフリカ人のようには見えない。モンゴル人と黒人の間のように見える。

現地の人は未開で、この地はまったく白人に牛耳られている。島内で商売をしているのは、ヨーロッパ人、アメリカ人、中国人ばかりであり、現地の人が開いている店は一軒もない。

食べ物は、水芋のようなものを煮て、それを搗《つ》きくずし粘土状にしたものに、魚や肉を取り混ぜて食べている。食事をするときには指を使い、箸やさじの類は一切使わない。

最近はだんだん文字を使う人も増え、現地の人も子どものころから英書を携えて学校に行くものが非常に多い。

解説

この文章は、諭吉が1回目の渡米をした後、幕府に報告した文書から抜粋したものです。ハワイでは西洋人に発見された後、欧米人や中国人が入ってきて様々なビジネスを行うようになりますが、ハワイの現地の人たちは、昔ながらの生活をしていることが窺えます。

当時ハワイの現地の人は、インドのように指で物を食べていたのですね。それにしても、諭吉は現地の人々の生活まで細かく観察しており、その好奇心には驚かされます。

56 大都市サンフランシスコの繁栄

『西洋旅案内』

現代語訳

サンフランシスコに到着すれば、そこで船を乗り換えてパナマに向かう。

パナマへの船は、毎月三度ずつ航行しているので、もし乗りそびれても10日待っていれば次の船に乗れる。

またもし、サンフランシスコに滞在するのであれば、見物する場所は非常に多い。

サンフランシスコは、アメリカ合衆国の西方にあるカリフォルニア州の港町である。

太平洋岸の港では一番大きく入口の幅は1里（4キロ）近くもある。港の入り口を入れば内海になっていて、内海の広さは長さが30～40里（120キロから140キロ）、横幅は6～7里（24キロから28キロ）の半月のような形になっていて、数千隻の船が入港しても大丈夫である。

港の入り口はゴールデンゲートと言い、右手の陸地に「ホルトポイント（フォートポイント）」「ブラッキポイント」という砲台場がある。そして左手にはアルカトラズという小島がありここもまた砲台場になっている。

これらの砲台には最新式の大砲が備え付けられている。砲弾の大きさは1尺2寸（36センチ）から1尺6寸（48センチ）もあり、射程距離は1里半（6キロ）にもなる。まさしく要害堅固の地である。

カリフォルニア州はもともとはメキシコの領土だったが、西暦1839年すなわち日本の天保10年に、アメリカの扇動で住民が暴動を起こし、その9年後の1848年（嘉永元年）にアメリカがメキシコからこの地を買収した。

気候もよく、いろんなものが獲れる。金銀、銅鉄、水銀、石、材木、穀物、果物、牛馬、豚羊にいたるまで産出され、何一つ不自由のない地域である。

アメリカが買収する前までは、この地はそれほど人口が多くなかったが、アメリカが買収した直後に金山が発見され、金の採掘を目的として多くの人が移り住んできた。

毎日のように人が増加し、ついには金採掘人だけで14〜15万人となった。金銀の産出量もおびただしく、毎年5000万〜6000万ドルを諸国に輸出し、世界の金銀相場に影響を与えるほどになった。もちろん、この地はすさまじく繁栄した。

今でも17日の間で、75万両の金銀が算出されるという。

以前は、この地には農家が6、7軒あるほどの小さな村に過ぎなかったが、わずか16〜17年の間に数万の家が建ち、産業が急激に発展した。

近年では、羅紗《らしゃ》（織物の一種）やブランケットを織る工場、銅製品、鉄製品、金銀製品などの製造所があり、砂糖や酒も造っている。港には世界各国の商船が錨《いかり》をおろしており、年間の船舶の出入港は2千隻にも及び、関税収入は200万ドル以上になる。

実に太平洋の東岸（日本から見て）にある比類なき大都市といえる。

サンフランシスコは、これまでたびたび大火に見舞われてきたが、そのたびに再開発され、街並みはよくなっている。

そのうちのいくつかを挙げると、運上所（税関）の新築に60万両を費やし、貨幣鋳造所の改築に12万両、海軍の訓練所を建てるときも30万両を使っている。

またメトロポリタンという大きな劇場があり、見物人が2000人も入れる。

そのほか、教会、学校、商店、ホテル、銀行などが軒を連ねている。

私がサンフランシスコに最初に行ったのは万延元（1860）年で今からわずか7年前のことだが、現在は

1850年代のサンフランシスコ

そのときと比べても倍の繁栄ぶりである。

前にも述べたように、カリフォルニアは新たに開けた土地であり、世界中の人が集まり、先を争ってビジネスを行なっている場所である。

すでに中国人も、金採掘のためにかなり渡ってきている。ほとんど無一文で国を出てきて4～5年働いてかなり貯蓄し、本国に帰っていくものもいれば、この地に店を出して生涯、住むものもいる。

この様子を見たとき、日本とカリフォルニアは東西で真正面に向き合う関係であり、ことに最近、太平洋を渡る定期船も就航し、わずか20日の船旅で渡ることができる。江戸から長崎に旅するよりも簡単なことである。

だから日本の人もこれからカリフォルニアに出かけて、元手のあるものは貿易をし、元手がないものは金採掘をして財産を築くものが多くなるはずだ。

これもまた開国による恩恵である。

解説

当時サンフランシスコには、フォートポイント砲台、フォートメイソン砲台、アルカトラズ島砲台の3か所の砲台がありました。文中に出てくる「ホルトポイント」はフォートポイント、ブラッキポイントはフォートメイソンのことだと思われます。それぞれの砲台は、当時としては世界でも有数の近代的な要塞でした。

諭吉が述べているように、サンフランシスコは以前はメキシコの領地でした。が、１８４６年に起きたアメリカ・メキシコ戦争により、アメリカ軍はメキシコ領内まで攻め込み、１年足らずでメキシコシティーまで陥落させてしまいます。

この勝利でアメリカは、テキサス州、カリフォルニア州、ニューメキシコ州などを代価１５００万ドルで割譲させます。

そしてその直後の１９４９年、カリフォルニアで大金脈が発見されゴールド・ラッシュが起こります。諭吉たちが訪れたのは、このゴールドラッシュによってカリフォルニア、サンフランシスコが急激に発展しているときだったのです。

サンフランシスコには、中国人も多数押し寄せていました。それを見て、諭吉はいずれ日本人もアメリカに出稼ぎに行くことになるだろうと予言めいたことを述べています。そして、その通りになるのです。

57 サンフランシスコからニューヨークへ

『西洋旅案内』

現代語訳

サンフランシスコとニューヨークとの距離は、東西1600里あまり（約6200キロ）ある。現在ここに鉄道を建設中で、すでに大半はできており3年後には開通する予定のようだ。これが完成したら、日本からアメリカへ行く場合、船旅で20日かけてサンフランシスコに到着し、それから蒸気機関車で陸路を6〜7日行けば、海陸合わせて一か月程度でニューヨークに達することになる。

しかし鉄道が開通するまでは、パナマを経由してアメリカの東海岸に出なくてはならない。その道程をこれから述べることにする。

サンフランシスコから南方のパナマまでは1500里（約5800キロ）、12〜13日の船旅になる。途中、カリフォルニアやメキシコの街が左手に見える。カリフォルニアの海は、4月から10月ごろまで北西の風が強く涼しい。夏でも夜には綿入れ（綿の入った上着）を着るほどだ。

しかもその海岸は霧が深く、船の前方から後方が見えないときもある。だから、船員たちは非常に注意する海域である。

8日から9日かかってようやくメキシコのアカプルコという港に着く。

解説

サンフランシスコとニューヨークの間は直線距離にして約4600キロですが、当時の道路による移動距離は諭吉の述べるようにだいたい1600里あまり（約6200キロ）ということになったのでしょう。

アメリカの東海岸と西海岸をつなぐ横断鉄道は、当時は建設途中であり、諭吉が訪れた2年後の1869（明治2）年に開通します。

アメリカ横断鉄道がない時代は、アメリカの西海岸と東海岸との間を行き来するには、アメリカからメキシコなどの中南米地域を下っていき、パナマから鉄道で向こう側の海岸に出て船でアメリカに上っていくという経路をとっていました。

諭吉たちは、パナマ経由でニューヨークに行く最後の世代だったわけです。が、パナマを経由したおかげで、諭吉はアメリカ合衆国以外のアメリカ大陸の国々を見ることができました。

58 パナマでは熱病に要注意

『西洋旅案内』

現代語訳

メキシコのアカプルコ港は、メキシコの首都から南西に約90里（約360キロ）のところにある。昔は繁栄していたが、カリフォルニアで金鉱が発見されてからは衰退し、今は人家も少なく産物もあまりない。

気候は暑く天気が変わりやすい。上陸するときは傘を用意したほうがよい。天気がいいように見えても急に雨が降ることもあるからだ。

船は、アカプルコに三時（約6時間）ほど停泊し、石炭を積みこんですぐに出港する。

そしてメキシコ、中部アメリカの海岸に沿って進み、パナマに到着する。

この辺の海岸は、夏には雷が強く鳴ることがある。船の中で雷の音を聞くのは、非常に気味が悪いものだ。

パナマの海岸は遠浅なので、大きな船は着岸できずに1里半（約6キロ）離れた沖に停泊する。

上陸する人は小船に乗り換えなくてはならない。

この辺は、潮の満ち引きが激しいところで、引き潮のときには1丈7尺（約5メートル15センチ）、満ち潮のときには2丈2尺（約6メートル60センチ）も海水面の高さが違う。そのため潮の状態によっては、小船の着岸もできないこともある。

パナマのアスピンウォールで米軍艦に搭乗する幕府使節団（1860年）

上陸して、鉄道で6時間ばかり行くと約80キロ先のアスピンウォール（現在のコロン）というところに着く。このアスピンウォールはアメリカの対面の位置にある。
この辺の地域はすべてヌエバ・グラナダという国の領土である。赤道より8度ばかり北のところにあたり、北アメリカと南アメリカの境にある。
気候は年間を通して暑く、春夏秋冬の区別がない。4月末から12月ごろまで雨期であり、毎日、おびただしく雨が降る。家の中にいても湿気が多く、衣服や食器にカビが生えるなど日本の梅雨よりもひどい。
この暑さのために、しばしば熱病が流行する。これはパナマ熱といって悪性なものである。旅行する人は注意すべきだ。

ここを訪れたとき、ちょっと休憩しているところに、土地の人たちがくだものやレモネードという氷の水に橙の汁を混ぜた物を売りに来る。とても美味しいのだが、暑さのあまり飲み過ぎないようにしなくてはならない。

また蒸気機関車の中では、いろいろな酒をしきりに売りにきて、値段も安い。しかし、大抵はにせものであり、一口でも飲んではならない。どれもみな熱病の原因になるものだ。心得ておきたい。現地の人には教育がなく、政府の世話も行き届いていない。

一例を挙げれば、4年前パナマで天然痘の流行があり、現地の1万人のうち1000人以上の死者が出た。その経緯は、現地の人が疑り深く、天然痘の治療方法を信用しなかった。政府も啓蒙活動をしなかったので、大勢の人命が失われたのだ。

解説

諭吉は「この辺の地域はヌエバ・グラナダの領土である」と述べていますが、これは正確ではありません。中南米諸国というのは19世紀後半から、独立や離合集散のラッシュとなっており、国名や領土が頻繁に変わっています。

この辺の地域は、諭吉が最初に渡米した1860年には「グラナダ連合」だったのですが、二度目に渡米した1867年ではコロンビア合衆国となっています。

諭吉はまた、

「旅の途中で休憩していると現地の人がレモネードなどを売りに来る」

「とても美味しいが飲み過ぎに注意しなくてはならない」

「この辺で売る酒は安いがにせものばかりで熱病の原因になる」

と述べています。

現地の飲食物に興味津々で何度か手を出してはみたものの衛生的にあまり信頼がおけない、そういう諭吉の心情がにじみ出ていますね。

59 パナマ鉄道でアメリカ大陸の東側へ

『西洋旅案内』

現代語訳

パナマ鉄道は、西暦1855年、日本の安政2年に完成したもので、全長は約88キロである。道中のほとんどが山であり、ことにパナマから20キロほどのところが高い。

海面に比べれば約88メートル高い。だからパナマよりゆるやかに上るように設計されており、坂の急なところは4キロにつき約40メートル登るようになっている。この登り坂になると蒸気機関車の速度も遅くなる。

その後は、だんだんと下り坂になっていき、チャグレスという河を渡るときには鉄橋がある。

（アジアとヨーロッパを結ぶ）スエズ運河を通るときにはその周辺は砂漠で草木もなく砂ぼこりに困るのだが、（アメリカを横断する）パナマ運河はその反対に年間の半分は雨が降り続き、一帯が霧深く湿気の多いところである。

沢には枯草はなく木には紅葉がない。

汽車の中から外を眺めれば、山は深々とした森林に覆われ、木を切った跡さえ見られない。遠くから水流の音が聞こえ、見なれない鳥が鳴き、その景色はとても寂寥としている。この山々の奥にはライオン、トラ、大蛇などもいると思われる。

1850 年代のパナマ鉄道

道中はところどころに2、3軒、または7、8軒ずつ人家がある。その様子を見ると、家は木の葉で屋根を葺いており、床もない。柱と柱の間に網のようなものを掛けて釣り床にしている。夜はここに寝ることになる。

子どもは10歳くらいまではみな丸裸で地面をころげ回り、まるで豚犬の友達である。

婦人は腰巻一つをしているだけで、立ちながら物を食べたり、大の字になって寝ているものもあり、また裸の子を抱いて乳をあげているものもいる。

思うに子らの母親は彼女に違いないだろうが、一人の父親から生まれたかどうかは怪しい。

解説

パナマ鉄道は、パナマのジャングルの中を行くものでした。

もちろん当時の日本人は、ジャングルなどに行ったものはおらず、諭吉にとっては驚きの連続だったようです。ライオンやトラ、大蛇などは、見世物として見たことはあっても、それが実際に住んでいる所を訪れるわけですから別世界に来たような気分だったと思われます。

ただ、ここでも現地の人に対しての諭吉の目は厳しいようです。

子どもたちは真っ裸で地面を這いずり回って遊んでおり、「豚犬の友達か」などとややバカにした口調で述べています。

またそういう原始的な生活を見て、性についても放埓《ほうらつ》だと解釈したらしく、子らの母親に対して「その子らの父親は一人かどうかは覚束《おぼつか》ない」などと非常に失礼なことを述べています。もし現代であれば、ネットで大炎上しているような暴言ですね。

なお、諭吉はパナマ鉄道を、22里（約88キロ）としていますが、実際は約77キロです。

60 ニューヨークへの船旅は酷暑にご注意

『西洋旅案内』

現代語訳

アスピンウォール（現在のコロン）に着くと、汽車を降り、船でニューヨークに行く。この地からはヨーロッパ行の船便も出ており、ニューヨークに用がないものはここから直接ヨーロッパに向かうこともできる。

アスピンウォールからニューヨークまでは４０００キロ足らずで、７～８日の船旅で到着する。この海域は、アタラ海（カリブ海）という大海である。渡海の途中では、ジャマイカ、サンドミンゴ、バハマなどの島々の間を通る。ジャマイカ、バハマはイギリス領で、藍、胡椒の類が採れる。左手にはスペイン領のキューバという島がある。この島は非常に広い。主な産物はタバコ、砂糖である。これらは世界的にも有名である。

アスピンウォールを出発してこれらの島々を通りすぎると次第に涼しくなる。著しく暑いのは、パナマの鉄道に乗る前後の５日間であり、計10日ばかりの苦しみである。

解説

アスピンウォールという港は、ニューヨークへも行けるし、ヨーロッパ諸国にも直接行くことができる、いわばターミナル港でした。

このアスピンウォールはパナマにあり、現在ではコロンという地名で知られています。世界遺産が二つもある歴史のある港町です。

諭吉は、この船旅の中でパナマ鉄道に乗る前後の10日ばかりが非常に苦しいと述べていますが、これは「10日だけ我慢すればいい」という意味でもあります。インド洋を渡ってヨーロッパに向かう航路では、死ぬような暑さが1か月も続くので、それに比べればマシということなのです。

61 急成長するニューヨークの光と影

『西洋旅案内』

現代語訳

ニューヨークへ着けば、街の様子やホテルのサービスなど、ヨーロッパの国々と変わらない。

この地は、アメリカ合衆国で最大の都市である。

世界の人口の多い都市を順に挙げれば、イギリスのロンドン、フランスのパリ、中国の北京、日本の江戸、アメリカのニューヨークということになる。

今ではニューヨークは世界で知らない人がいないほどの大都会である。

港には世界中の商船の帆柱が林のように並び、河川では蒸気船が木の葉が流れるように往来している。

屋形づくりの渡し舟のことはフェリーボートといい、大船を曳く蒸気船をタグボートという。

出向する帆前船があれば、入港する蒸気船もある。ヨーロッパから来た定期船があり、インド洋へ向かう軍艦もある。

広いはずの河口は船であふれ、竿を一本、横たえる隙間もないほどだ。陸には数十万の5階、6階の建物が立ち並んでいる。数十メートルもある広い間口に商品を飾って並べている洋服店があれば、金銀細工の小道具や懐中時計を扱う小さな店もある。

街中の建物はみな大きく、表通りの静かなところは金融街である。市場では、野菜は山のように魚肉は林のように積まれ、けたたましく人の声がする。芝居の宣伝ビラを撒いて回る車があれば、見世物をして人を集めている者もある。

街中を行くには馬車に乗り、遠くに行くときには鉄道を使う。鉄道を使えば100里の道も日帰りでき、その便利なことは翼が生えたようである。

もし世間知らずの田舎者にこの様子を見せれば、人間世界とは思わないはずだ。

このようにニューヨークの繁栄ぶりは、ロンドン、パリに劣らないほどなのだが、市中の混雑は激しくなり、事件、事故なども時々起きる。警備は厳重になっているが、街の繁盛に従い自然に悪党も増えてきて、夜盗、強盗、すり、だまし、放火、殺人もたびたびあるので、旅人は注意しなくてはならない。

またアメリカ合衆国は、南北戦争で莫大な戦費を使ったので、5、6年前から諸々の税金が高くなり、通貨も金銀貨の代わりに紙の札を使用するなどしている。

物価は6、7年前の2倍3倍となり、下々の者が苦しいのはもちろんのこと、他国からの旅行者も買い物をするのに不都合である。

解説

ご存じのようにニューヨークはアメリカ最大の都市です。

ただ諭吉が訪れたときのアメリカというのは、現代のような世界の超大国ではなく、英仏に対抗してきた新興国家でした。アメリカが、飛ぶ鳥を落とすような勢いで急成長している、そのさなかのニューヨークを諭吉は見たわけです。

諭吉の文章から、ニューヨークがいかに賑わっているか、発展しているかが伝わってきます。

諭吉は鉄道の便利さの表現として「100里も日帰りできる」と述べています。100里というのは約400キロのことであり、当時の鉄道では400キロを日帰りすることはできなかったはずなので、ここでは「遠方」を表す言葉として「100里」を使っているのでしょう。

62 アメリカは南北戦争の話題で持ち切り 『西洋旅案内』

現代語訳

南北戦争のことを書くのはこの本の趣旨ではないが、昨今、この国へ行けばそういう話題になることが多く、

「南北戦争の前はこうだった」

「南北戦争の後はこうなった」

「これも南北戦争のためにできた」

「これは南北戦争のときに始まった」

などということがよく言われるので、ちょっとした世間話でもこの戦争の事を知らないと意味がわからないことがある。

だから、この戦争の経緯を簡単に記しておきたい。

アメリカ合衆国では、南部には農家が多く、主に麦や綿を栽培していた。北部には職人が多く、

蒸気機関を使った様々なものを作るなど商工業が発展していた。

昔から南部の各州では、黒人の奴隷を買いその生涯を養いながら労働させていた。

しかし、北部の人たちはこれを快く思わず、いかに黒人と言えども人を一生奴隷にし牛馬のように使うのは天の道理にもとると、厳しく批判していた。

南北戦争時に起きたハンプトン・ローズ海戦。南北両軍が損害を被り、海戦は痛み分けに終った

だからといって南部の方は、今更、黒人奴隷をやめるのは不都合だったので、その批判を受け入れなかった。そのため数年来、南北は不和になっていた。

去る万延元（1860）年、大統領選挙が行われ、リンカーンという人が勝利して大統領になった。

このリンカーンは北部側の主張を重んじており、南部の人たちにとっては不満だった。そしていろいろな言いがかりをつけて、サウスカロライナという州が、アメリカ合衆国から離脱した。

明ける文久元（1861）年、ミシシッピー、フロリダ、アラバマ、ジョージア、ルイジアナ、テキサス、バージニア、アーカンソー、ノースキャロライナ、テネシーの10州もサウスキャロライナに加担した。この11州は、リッチモンドというところを首都にし、デービスという人を頭取にして合衆国とは別の政府を立てようと企てた。

これによりアメリカ合衆国は南北に分かれ大戦争をすることになったのだ。

（これは南アメリカと北アメリカが分かれたのではなく、アメリカ合衆国が南北に分かれたものである。その辺、間違いやすい）

北部は早々に100万人近い大軍を動員して戦争を進めたが、南部もなかなか手強く、しかもイギリス、フランスが内々で南部に加勢したので、11州50万の兵力ながらたびたび勝利をおさめた。そして南部はついにはワシントンの近くまで迫り、戌《いぬ》年（1862年）の冬ごろには北部はかなり危なかった。

が、その後、北部はだんだん勢いを取り戻し、慶応元丑《うし》年（1865）年3月には南部の勢いも衰え、大将級の者がだんだん降参し、頭取であるデイビスをも捕虜にし、北部の勝利に終わった。

この戦争が終結する直前、リンカーンは南部の謀略により暗殺されてしまった。しかし、すでに戦争の趨勢《すうせい》は決まっていたので、南部の謀略は水の泡に帰し、いたずらに英雄を一人殺すことになった。

リンカーンは、事を決する勇気があり、慈悲をもって人を使うので、上も下も敬愛していた。このような非命の死を遂げたことに国中が悲しみ、それは子どもが父母の喪に服するようだった。

リンカーンの死後は、代理でジョンソンという人が大統領になり、現在まで国の混乱を収めてきた。

実に今回の戦争は、未だかつてないほどの大戦争であり、南北双方の兵員は合わせて150万人。互いに秘術をつくし、鉄張りの軍艦をつくり、地雷、水雷を開発し、大砲、小銃、新発明の武器などを造って、4年間で数十度の戦場に骨をさらし血を流し、死傷者は数知れない。

この戦争の間に使った軍用金もおびただしく、一日の費用が20万、30万ドルになったこともある。そのため、いろんな税金を引き上げたがまだ足らず、戌年（1862年）の春から金貨、銀貨の代わりに紙札を使用している。

しかし政府に準備金が少ないので、紙札は信用されず思うように世間に通用せず、額面の半分の価値にもならない。子年《ねずみ》（1864年）の夏頃は、紙札290ドルと正金100ドルが交換相場となっていた。

この戦争後、アメリカ合衆国政府の借金は27億9998万ドルとなっていた。

南部の名高き将軍は「リー将軍」「ジャクソン将軍」等であり、北部では「グラント将軍」「シャーマン将軍」等である。南部の将軍や軍人たちは戦争後、いずれも謀反の罪を許され自由の身になっている。

また昨今は、グラント将軍の評判が非常に高い。今の大統領はジョンソンだが、来る巳年《へび》（1868年）の春には大統領選挙が行われるので、グラント将軍が大統領になるという風説もある。

北軍の総司令官だったユリシーズ・グラント

解説

諭吉がアメリカに初めて訪れたのは、安政7（1860）年の咸臨丸での航海によるものでした。そして、慶応3（1867）年に、2回目の渡米をします。

この1860年から1867年の間というのは、アメリカも激動の時代でした。

そして、当時のアメリカというのは、急発展中の新興国でもありました。

諭吉は、その発展ぶりを目の当たりにしたといえます。

わずか7年で大きく様変わりしていたのです。

アメリカのペリー艦隊の来航以来、日本は国中が大騒ぎになっていたのですが、それと同時期に実はアメリカも国を揺るがす大戦争が起きていたのです。

諭吉が最初に渡米した1860年は南北戦争が始まる直前であり、二度目に渡米した1867年は南北戦争が終結した直後でした。2回目に渡米したときには、国中が南北戦争の話題でもちきりだったようです。

だから、諭吉は、この南北戦争の経緯を旅案内にわざわざ紹介しているわけです。

また諭吉が最後に紹介しているグラント将軍は、諭吉の仕入れた風説の通りに1868年の大統領選挙で大統領になっています。なお、諭吉は巳年としていますが、大統領選が実際に行われたのはその前年の辰《たつ》年です。

第五章 サムライたちのアメリカ珍道中

◎1860〈安政7～万延元〉年の渡米の主な出来事 ※安政7年3月18日に万延に改暦

太陽暦（1860）	和暦（安政7/万延元）	日程
2月9日	1月18日	ポータハン号、使節正使を乗せて品川を出港、日米修好通商条約の批准書を大統領へ渡す旅へ
2月10日	1月19日	咸臨丸、福沢諭吉らを乗せて浦賀沖を出港
2月13日	1月22日	ポータハン号、横浜を出港
3月5日	2月13日	幕府使節、ハワイ寄港、国王に謁見
3月17日	2月25日	咸臨丸、サンフランシスコに到着
3月29日	3月8日	ポータハン号、サンフランシスコに到着
4月7日	3月17日	ポータハン号、サンフランシスコを出港
4月24日	閏3月4日	ポータハン号、パナマに到着
5月8日	閏3月18日	咸臨丸、サンフランシスコを出港、ハワイ経由で帰国の途へ
5月14日	閏3月24日	使節、ワシントンに到着
5月17日	閏3月27日	使節、ホワイトハウスで大統領に謁見
5月19日	閏3月29日	使節、国務省で国務長官と条約批准書を交換、その後、約1か月にわたりアメリカに滞在
6月23日	5月5日	咸臨丸、浦賀に到着
6月30日	5月12日	使節、ナイアガラ号に乗りニューヨーク出港
11月10日	9月28日	使節、アフリカ等を経て築地に到着
11月11日	9月29日	使節、将軍家茂に謁見

諭吉は、安政7（1860）年に日本の使節団の一員としてアメリカに渡ります。

時系列としては、この渡米が初めての欧米旅行です。

この2年後に、第3章でご紹介したヨーロッパ旅行をし、その5年後に再度、アメリカに渡ります。

だから、この安政7年のアメリカ旅行が、諭吉にとっては初めての欧米文化との遭遇ということになります。

『西洋旅案内』にはアメリカ旅行記的な文章はないのですが、諭吉は自伝などで最初のアメリカ旅行について面白おかしく語っています。

この最終章では、それをご紹介していきたいと思います。

本書は、諭吉の『西洋旅案内』を軸にしている関係上、このアメリカ旅行記の部分を最後に持ってきています。

63

幕府がアメリカへ使節を派遣した理由

『福翁自伝』

現代語訳

私が江戸に来た翌年、すなわち安政6（1859）年冬、徳川幕府がアメリカに軍艦を派遣するという日本建国以来の未曾有のことを決断した。

さてその軍艦は、軍艦といっても非常に小さいもので蒸気エンジンは100馬力しかない。蒸気エンジンは港の出入りに使うだけで、航海中は風を頼りに運転しなければならない。2、3年前にオランダから2万5000両で買い入れ、船の名は咸臨丸《かんりんまる》という。

その前の安政2（1855）年のころから幕府は長崎に、オランダ人から航海術を学ぶ施設をつくり、日本人の技術もようやく進歩したから、今回、日本使節がワシントンに派遣されるにつき、日本の軍艦もサンフランシスコまで航海しようということが決まったのだ。

乗組員たちはみな日本人だけで航海すると意気込んでいた。が、ちょうどそのころアメリカの船が鹿児島の大島沖で難破し、その船員たちは幕府に保護されて日本に滞在中だった。その中で、士官一人、医師一人、水夫3〜4名が、咸臨丸に乗ってアメリカに帰りたいと言い出した。当初、咸臨丸の乗組員たちはアメリカ人たちが乗ることに反対していた。彼らが乗れば、「日本人だけで航海した」ということにならず、日本の名誉にかかわるというわけだ。しかし、結局、幕府はこのアメリカ人たちを無理やり同乗させることに決めた。幕府の長老たちも、内心は日本の乗組員たちの技倆《ぎりょう》が心配で、一人でもアメリカの航海士が乗っていればいざというときに助けになるだろうと思ったのだろう。

アメリカが日本使節団を迎えるために幕府へ派遣したポータハン号

解説

安政6（1859）年日米修好通商条約の批准書を渡すために、日本からワシントンに使節団が送られることになりました。その際、使節団を迎えるために、アメリカはわざわざポーハタン号という軍艦を差し向けました。日本使節団はこのアメリカのポーハタン号に乗っていくわけですが、それと並走するような形で、日本側の軍艦もアメリカに派遣しようということになりました。

日本としては、黒船に威嚇されて開国したというだけでは面目が立たないので、日本人だけで軍艦を操ってアメリカに乗り込もうというわけです。

その軍艦が咸臨丸でした。

咸臨丸は排水量625トンしかなく、ポーハタン号の5分の1以下という小さな船でした。

しかも蒸気エンジンを使うのは出入港のときだけで、普段は帆船として航行するのです。よくこんな決断をしたものですし、乗組員も相当の勇気がいったはずです。

そしてこの危険な冒険航海に、諭吉も乗り込むわけです。

64 蘭学ネットワークを介して使節に参加

『福翁自伝』

現代語訳

この咸臨丸の艦長の木村摂津守という人は、軍艦奉行であり、幕府海軍の最高幹部なので、それ相応の従者を連れて行くに違いない。

私は、どうにかしてこの咸臨丸に乗ってアメリカに行ってみたいと思ったのだが、木村という人などまったく知らない。去年大坂から出てきたばかりで、そんな幕府の役人などに縁があるはずはない。

ところが幸いなことに江戸に桂川という幕府の侍医をしている蘭学者がいる。その桂川は、当時の日本の国中の蘭学医たちの総本山ともいうような蘭学の大家で、日本の蘭学社会でこの人を知らない人はいない。私も江戸に来れば、何はさておき桂川の家を訪問するので、これまでもたびたび家に行ったことがある。

その桂川の家と木村の家はごく近い親類だったのだ。

私は桂川に頼んで「どうかして木村さんのお供をしてアメリカに行きたいが紹介してくださることはできまいか」と懇願して、桂川から紹介状を書いてもらった。
桂川の紹介状を持って木村の家に行き、アメリカに行きたいという希望を述べたところ、木村は即刻許してくれて「よろしい連れて行ってやろう」ということになった。

軍艦奉行として咸臨丸に乗った木村摂津守

というのも、このときの世情において、外国航海などは日本建国以来の珍事というか、むしろ恐ろしい命がけの事であり、木村はもちろん軍艦奉行だから本来の家来はいる、いるけれども、その家来たちもあまり行く気はない。そういうところに、かりそめにも自分から進んで行きたいというのだから、実はあっちの方でも「妙なやつだ、幸いだ」というくらいのことだろうと思う。とにかくすぐに許されて私はお供をすることになった。

解説

諭吉の師匠筋のような存在だった蘭学者の桂川は、木村摂津守の妹を娶っていました。だから桂川にとって木村は義兄ということになります。

諭吉はこの縁戚関係に目をつけて、咸臨丸に紛れ込むことができたわけです。

が、これは、ただ「好奇心が強く要領がいい者」というだけの話ではありません。

諭吉が言うように、この当時、日本近海の航海でもたびたび船が難破しているのに、船に乗って太平洋を渡ってアメリカに行こうなどというのは、とんでもない大冒険だったわけです。しかも、それは自分たちで航行するのです。多くの侍たちが、船に乗るのを臆していたものと思われます。

そんな中で、自分からその船に乗りたいというのは、確かにかなり変わり者だったのでしょう。

諭吉には好奇心だけではなく、そういう人並外れた冒険心もあったのです。

65 苦難続きだった咸臨丸の大航海

『福翁自伝』

現代語訳

咸臨丸というのは、エンジンが100馬力しかない船で、航海中ずっと石炭を焚いてエンジンを動かすこともできない。入港や出港のときにエンジンを使うくらいで、沖に出れば帆に風を受けて走る「帆前船《ほまえせん》」となる。

というのも、咸臨丸には石炭をたくさん積めない。石炭を積めないのであれば、帆で行かなければならない。

その帆前船で太平洋を渡るというのだから、毎日が暴風で、咸臨丸にはハシケ船が4艘《そう》積んであったが、激しい波のために2艘が海に取られてしまった。

航海時は、私は艦長の家来ということになっているので、艦長の身の回りの世話をしていた。艦長の部屋は船の後方にあった。ある日、私は朝起きていつものように、艦長の世話をするために艦長の部屋に行った。その部屋には、ドル紙幣が何百枚か何千枚かわからないほど散乱していた。

大嵐のために、戸棚にいれて鍵もかけていたはずの紙幣の袋が、戸棚の戸を打ち破って外に散乱したようである。これは大変だと思って、急いで引き返して幕府の役人の吉岡勇平に告げると同人も驚き、二人でそのドル紙幣を拾い集めて元通りに戸棚に入れた。

航海中は毎日嵐で、始終、船に波がうちかかる。

福沢らを乗せた咸臨丸

今でも私は覚えているが、甲板の下に四角の窓があり、その窓から大海の波の立つ様子が見える。それはたいそうな波で、船体が37、38度くらい傾くというのは毎度のことだった。45度傾くと船は沈むといわれているが、幸いにも船は何事もなく進んでいった。

そうして37日かかってサンフランシスコに着いた。

私は体が丈夫らしく、航海中、怖いと思ったことは一度もない。私はほかの同僚たちによく冗談で、

「私は生まれてからそういう経験はないが、牢屋に入って大地震にあったと思えばいいじゃないか」

と笑って言っていたくらいで、船が沈むかもなどというこことは少しも思わなかった。というのは、私は西洋の

技術を信じる気持ちが、骨の髄まで徹底しており、まったく怖いと思わなかったのだ。

船中はもうビショビショでカラリとした晴天は37日のうち4、5日だったと思う。

解説

咸臨丸の航海は苦難続きだったようです。

日本人の乗組員たちは、これが最初の太平洋航海でしたし、しかも経験豊富なアメリカの乗組員たちでさえ「これまで遭ったことがない」というほどの悪天候だったのです。積んでいた4艘のボート（はしけ船）のうち2艘が波に取られてしまうというのですから、相当ひどい時化だったようです。

諭吉は、「自分は体が丈夫らしく全然怖くなかった」と述べていますが、これは自伝本にありがちな「盛った話」ではないようです。というのも、艦長の木村摂津守の談話として「ほかの乗組員たちが船酔いなどでへとへとになっている中で福沢諭吉だけは平気でいろいろと私の身の回りの世話をしてくれた」というものが残っているからです。

66 アジア人として最初の大事業と自負

『福翁自伝』

現代語訳

この航海については日本のために大いに誇ることがある。

というのは、日本人が蒸気船を初めて見てから足掛け7年目、航海術の訓練を始めてから5年目にして、外国人の手を借りることなく、自分たちでアメリカまで出かけて行こうとした勇気と技倆、これは世界に誇れることだと思う。

前にも言ったように、航海中はいっさい外国人のキャプテン・ブルックの手は借りず、測量するにも日本人自身でする。アメリカ人も測量をしているが、後でお互い見せあうだけでアメリカ人から助けてもらうということはない。

今の韓国人、中国人、東洋全体を見渡したところで、航海術を5年学んで太平洋を乗り越えようという勇気のある者は決してありはしない。

それどころではない。昔、ロシアのピョートル大帝はオランダに行って航海術を学んだというが、ピョートル大帝でもこのような事業はできなかっただろう。当時のロシアにおいて、今の日本人のように大胆にしてかつ学問思想の緻密な国民はほとんどいなかったと思われる。

解説

諭吉が言うように、ペリーの来航で日本中が仰天し、そのわずか6年後には自分たちの船で太平洋を渡るというのですから、当時の日本人の冒険心、向上心はやはり目を見張るものがあったといえるでしょう。

またこの咸臨丸の太平洋航海は、往路は前述したようにアメリカ人の乗組員たちが乗っており、「アメリカ人の指導があったからできたのだ」という見方もありました。しかし、復路については外国人はまったく乗っておらず、純然たる日本人だけで航海を行っているのです。これには当時の欧米の国々も驚嘆したものと思われます。

67 祝砲を打つか打たないかで揉める

『福翁自伝』

現代語訳

海上つつがなくサンフランシスコに着いた。

着くやいなや土地の主な人たちは船まで出迎えて祝意を表し、見物人は黒山の人だかりだった。

そして陸上から祝砲を打ってくれるということになった。

この祝砲については面白い話がある。

勝麟太郎《かつりんたろう》（勝海舟）という人は艦長の木村に次ぐ指揮官だったが、非常に船に弱い人で航海中は病人同様に自分の部屋から出ることはできなかった。が、着港してからは指揮官としての任務をこなすようになり、そんな中で祝砲の話が出た。

向こうが祝砲を打ってくれれば、こちらも応砲を打つのが儀礼となっている。

しかし、勝によれば、「それはとてもできることではない。なまじ応砲などをしてやりそこなうよりもこちらは打たない方がいい」とのことだった。

咸臨丸にナンバーツーの立場で乗船した勝海舟

しかし砲を担当していた佐《さ》々《さ》倉《くら》桐《とう》太郎《たろう》が「いや打てないことはない、おれが打って見せる」と言った。勝は「バカをいえ、貴様たちにできたらおれの首をやる」と冷やかしたので、佐々倉はいよいよやる気になった。絶対に応砲をしてみせるといって、船員たちを指揮して大砲の掃除や火薬の用意をして、砂時計で時間をはかり見事に応砲をやってのけた。

さあ、佐々倉が威張り出した。

「首尾よくできたから勝の首はおれのものだ。しかし航海中、用も多いからしばらく首は当人に預けておく」

といって大いに船中を笑わせたことがあった。ともかくもまあ祝砲だけは立派にできた。

解説

咸臨丸はサンフランシスコに到着したときに、祝砲を打つか打たないかで、船内でひと悶着あったようです。

が、これは日本の乗組員が未熟だったというだけの話ではなく、実は祝砲を打つことは欧米の船員にとってもかなりの技術を要するものでした。この1年後、諭吉はイギリス船でヨーロッパに行くのですが、このイギリス船はシンガポールで祝砲を打ちそこなって乗組員の死亡事故を起こしてしまいます。

だから勝海舟の判断は決して臆病だったわけではなく妥当なものだったのです。

それにしても咸臨丸はよく失敗せずに祝砲を打てたものです。

68 アメリカでの大歓迎

『福翁自伝』

現代語訳

無事に港に着いたならば、さあどうもあっちの人の歓迎というものはそれはそれは実に至れり尽くせり、この上ないというほどの歓迎だった。

アメリカ人から見れば、自分たちが行ってようやく国を開いたというその日本人が、ペルリの日本行からわずか8年後に自分の国に航海してきたというわけだから、ちょうど自分の学校から出た生徒が自分と同じ仕事をするようになったようだ。それと同時に、「おれがその端緒を開いた」といわんばかりの気持ちだったに違いない。

そこでもう日本人を手のひらの上に乗せて、不自由させぬように不自由させぬようにとばかりに、サンフランシスコに上陸するやいなや、馬車で迎えに来た。とりあえず市中のホテルに行って休息したのだが、そのホテルには役人か何か知らないが、市の主だった人が雲霞のごとくやってきて、様々な接待饗応をうけた。

サンフランシスコの近郊のメールアイランドという港に海軍の基地がある。その海軍の基地に付属している官舎を咸臨丸一行の宿泊所として貸してくれた。船は航海中に損傷したところもあったので、ドックに入れて修復してくれた。

滞在中は先方が食事などを用意してくれるはずだったが、こちらの方が船員をはじめとしてまだ洋食に慣れず、日本食じゃないと食べられないということで、自炊するということになった。

アメリカ人は、かねてから日本人が魚を好むという事をよく知っているので、毎日毎日魚を持ってきてくれたり、あるいは日本人が風呂に入ることが好きだというので、毎日風呂を焚いてくれるようなわけである。

サンフランシスコの日本領事館で見つかった咸臨丸乗組員の写真。右端が福沢諭吉

解説

この諭吉の文章を読むと、当時のアメリカ人の歓迎ぶりがよくわかります。

ヨーロッパで至れり尽くせりの歓迎をされたことは前述しましたが、アメリカでも同じことがあったわけです。

この当時の欧米では、まだ日本人の移民問題や、貿易摩擦の問題はありませんでしたので、アジアの人たちが自国を訪問することは単純にうれしかったようです。しかし、この後は、日本から大量の移民がアメリカに押し寄せたり、日本の工業製品が勃興することで欧米との貿易摩擦などを生んだりして、日本と欧米の関係は微妙なものになっていくのです。

なお、この文の冒頭に出てくるペルリというのは、日本を開国させたアメリカ海軍のペリー提督のことです。

69 シャンパンの氷に驚く

『福翁自伝』

現代語訳

メールアイランドは軍事基地であり町ではないので、アメリカ人たちはしきりにサンフランシスコへ来いと誘ってくる。それで船に乗ってサンフランシスコに行くとホテルで饗応というようなことが毎回ある。

ところがこっちは一切が不慣れで、たとえば馬車を見ても初めてだから実に驚いた。車があって馬がついているのだから乗り物だということはわかりそうなものだが、一見したばかりのときにはちょっと考えがつかない。戸を開けて中に入ると馬が駆け出す。それでようやくこれは馬のひく車だということがわかるのだ。

また日本人はみな大小の刀を差して草履を履いている。それでホテルに案内されて行ってみると、じゅうたんが敷き詰めてある。

じゅうたんとはどんなものかというと、日本でいえばよほどの贅沢者が、一寸四方（3センチ四方）いくらかで買い、煙草入れにするというような高級な布を八畳、十畳など恐ろしく広いところに敷き詰めてある。しかも、その上を靴で歩くのだ。これは途方もないことだと実に驚いた。けれどアメリカ人が外を歩いた靴のままでさっさと上がるから我々も草履でその上に上った。

家に上るといきなり酒が出る。

まず変だと思ったのはシャンパンである。徳利《とっくり》（ビン）の口をあけると恐ろしい音がして、各人の前にコップが並べられると、コップの中に何か浮いている。それが何なのかわからない。3月、4月の暖かい季節に氷があろうとは思いもよらぬ話である。

それを飲むときの様子を言えば、コップに浮いているものを口に入れて肝をつぶして吐き出すものもいれば、口から出さずにガリガリ噛むものもいる。そこでようやく氷であることに気付いたようなわけである。

それからあちらの紳士淑女が寄り添ってダンシングとかいって踊りを見せるのも毎度のことである。これも始めは何なのか少しもわからず、男女が妙なかっこをして座敷中を飛び回るその様子は、どうにもこうにもただおかしくたまらなかった。けれど笑うと悪いと思ってなるだけ我慢したが、これも最初のうちは非常に苦労した。

解説

馬車に驚き、シャンパンの氷に驚き、じゅうたんに驚く……当時の日本人の様子がよくわかります。日本は古代から馬車に似た牛車というものがありましたが、江戸時代にはそういう類のものはほとんど使われなくなっており、馬車を見てもそれが何なのか最初は想像がつかなかったようです。また氷も冬の間につくっておき、夏まで保管する「氷室」というものがありましたが、それは高貴な人たちが特別なときに使うものであり、一般の人が日常的に氷を使うことはありませんでした。

70 女尊男卑に驚く

『福翁自伝』

現代語訳

メールアイランドの近郊にバレーフォーというところがあってそこにオランダ人の医者がいた。オランダ人は日本人と縁が深いので、その医者が艦長の木村さんを招待したいから来てくれないかというので、私もついていてその医者のところに行った。

その医者の家は田舎ながらも立派で、なかなかのご馳走が出た。が、そのうち不審なことがあった。おかみさんが座敷に座り込んで客の接待をし、亭主の方が給仕をしている。これはおかしい。まるで日本とアベコベのことをしている。亭主が客の相手をし、おかみさんが給仕をするのが当然であるのに、どうもおかしい。

ご馳走は何かというと、豚の子の丸煮が出た。これにも肝をつぶした。安達ケ原に来たようなものだった（安達ケ原とは現在の福島県の阿武隈川の東岸を指し、鬼婆がいるという伝説がある）。さんざんご馳走を受けて、その帰りに亭主が「馬に乗らないか」という。

艦長の木村さんは「それは面白い、久しぶりだから乗ろう」ということになり、その馬を借りて乗ってきた。木村さんは江戸幕府の旗本だから馬に乗ることは上手だ。江戸にいるときは馬に乗らない日はない。その馬でどんどん駆けていくと、「日本人は馬に乗るのか」とアメリカ人が驚いていた。

こういうわけで双方ともに、相手の事情がよくわかっていないのだった。

解説

諭吉たちが驚いたのは、欧米の進んだ文明ばかりではありません。

その社会常識にも驚嘆するものが多々ありました。

その一つが、レディーファーストという慣習でした。

江戸時代の日本では、現代よりもはるかに男尊女卑の社会でした。日本で妻を表す「奥様」という呼称は、奥にいるから奥様だったわけです。日本では女性は決して表には出てこない奥にいる存在だったのです。

しかし、アメリカでは女性が表に出て客の相手をし、男が奥に引っ込んでいるのです。さぞや驚いたことでしょう。また女性とそういう形で接することに慣れていなかったはずなので、居心地の悪さも感じたかもしれません。

後段では、「日本人が馬に乗るのを見てオランダ人が驚いた」という文章が出てきます。馬に乗る民族というのは世界中にいますのでわざわざ書くエピソードでもないと思われますが、諭吉としては、欧米と日本では、お互いが相手の事をまだ全然知らないということを、表現したかったのでしょう。

71 ワシントンの子孫を誰も知らない

『福翁自伝』

現代語訳

アメリカにいるとき、ふとあることが気になって知り合いのアメリカ人に聞いてみた。あることというのは、ワシントンの子孫が今どうなっているかということである。

そのアメリカ人が言うには、「ワシントンの子孫に女があるはずだ、今どうしているか知らないが誰かに嫁いだようだ」といかにも冷淡な答えで、ワシントンの子孫の事をなんとも思っていないようだった。

これは不思議だ。

もちろん、私もアメリカは共和国、大統領は4年交代ということは百も知っている。しかし、こっちの頭には、源頼朝、徳川家康の子孫のような思いがあって聞いたわけである。それが非常に素っ気ない返答だったので驚いたのだ。

欧米の科学技術については、あらかじめ書物で知っていたのでそれほど驚くことはなかったが、社会上のことはまったく想像がつかないことが多かった。

アメリカの初代大統領ジョージ・ワシントン

解説

アメリカという国は、身分が固定されていませんし、政治は世襲制ではありません。大統領をはじめとして重要な政治ポストは選挙で決められます。どんな職業の人でも大統領になれるし、大統領の子孫であっても政治家なるわけではないのです。何百年も武士の時代が続き身分が固定されていた江戸時代の日本人にとって、これは衝撃的なものだったに違いありません。

アメリカと日本の社会制度の違いをわかりやすく説明するエピソードとして、諭吉はこの「ワシントンの子孫のことをアメリカ人は誰も知らない」ということを用いているわけです。

ご存じのようにワシントンというのは、アメリカの独立戦争では司令官としてアメリカを勝利に導き、その後、初代アメリカ大統領となった人物です。

江戸時代の日本人から見れば、確かに諭吉の言うように、鎌倉幕府を開いた源頼朝や、江戸幕府を開いた徳川家康のような存在だったかもしれません。

「家康と同じような存在であるワシントン、その子孫のことをアメリカ人は誰も知らない」

これは諭吉にとって普通に驚いたことでもあるでしょうが、いかに日本とアメリカが違うのかということをわかりやすく表した話だともいえるでしょう。

72 とことん親切なアメリカ人

『福翁自伝』

現代語訳

前にも述べたがアメリカ人は誠によく世話をしてくれた。

軍艦をドックに入れて修繕してくれただけではなく、乗組員の作業に便利な箱をつくってくれたりもした。

いよいよ船の準備もできて帰国の出航をするというときになって、軍艦の修理費やそのほかの費用を払いたいというと、あっちの人は笑っている。代金などは何のことだというような調子で話にならない。どう言っても代金を受け取らなかった。

このアメリカ初訪問のとき、私と通訳の中浜万次郎の二人が、ウェブスターの辞書を1冊ずつ買ってきた。これが日本にウェブスターの辞書を輸入した最初のものである。これを買えばもうほかには何も心に残ることはなく、首尾よくアメリカを出港してきた。

ところで私が二度目にアメリカに行ったとき、キャプテン・ブルックに再会して聞いた話がある。

それは最初、咸臨丸がアメリカに着いたとき、サンフランシスコでは歓迎方法について議論があった。日本の軍艦が来るのだから大々的に歓迎しなくてはならないということで、キャプテン・ブルックはまず現地の陸軍事務所に相談した。しかし陸軍は「ワシントン（政府）に伺いを立てなくてはならない」という。「陸軍事務所の独断でやってくれ」とも言って埒が明かない。

キャプテン・ブルックは、方向転換をし、義勇兵団にこのことを持ち込んだ。

義勇兵団は大喜びで引き受けてくれた。

この義勇兵というのは、普段は軍人ではない。大将は医者で、少将は染物屋の主人というような者で構成されている。が、ちゃんと軍服も持っていれば、鉄砲やなんかも備えていて、日曜や暇なときなどに操練をし、いざ戦争が起きたときには出かけていくというものだった。

平和なときには若者たちの道楽半分の仕事であり、せっかく仕立てた軍服もめったに着ることがない。だから、キャプテン・ブルックの話を聞いたときには千載一遇の機会とばかりに、晴れの軍服を輝かせて日本の咸臨丸を歓迎したということだ。

咸臨丸に通訳として乗船した中浜万次郎

解説

ここで登場する通訳の中浜万次郎というのは、かの有名なジョン万次郎のことです。中浜万次郎は、もともとは土佐の漁民で、船が遭難して無人島にたどりついたところをアメリカの捕鯨船に救助されました。アメリカ捕鯨船の手伝いをするうちに船長にその頭の良さを気に入られて引き取られ、アメリカに渡ります。教育を受けたのち様々な仕事をして、資金をつくり琉球経由で日本に帰国します。薩摩藩や幕府の取り調べを受けたのち、故郷に帰りますが、ちょうどそのころペリーが来航し、ジョン万次郎は通訳として幕府に召し抱えられます。そして幕末の日本の外交交渉にもたびたび同席することになるのです。

中浜万次郎は、渡米使節団の一員として咸臨丸にも乗船していました。船員としての経験も豊富な中浜万次郎は、勝海舟に代わって事実上の船長だったとも言われています。

またキャプテン・ブルックというのは、咸臨丸に同乗していたアメリカ人のことです。このキャプテン・ブルックも、咸臨丸の航海では日本人たちに適切な助言をして大きな貢献をしたようです。そして英語を少し話せる諭吉とも交流があり、諭吉の二度目の渡米のときに再会したのです。

73 アメリカ少女との写真を自慢

『福翁自伝』

現代語訳

私はかねてから言ってきたように、芸者や遊女と戯れることなど一切ないだけじゃなく、そういう類の話さえしたことがない。だから同行の人たちは、妙な男だくらいに思っていただろう。

船がアメリカを出港しハワイで石炭を積み終わって、あとは日本へ帰るばかりというときになって、私は彼らに一枚の写真を見せた。その写真は、アメリカの15歳くらいの少女と私が一緒に写っているものだ。

「お前たちはサンフランシスコに長く滞在していたが、婦人と親しく並んで写真を撮ることなどできなかっただろう。さあ、どうだ。お前たちは毎日、女の話ばかりしているが実行しなければ話にならないじゃないか」

と大いに冷やかしてやった。

実はこれは写真屋の娘で、歳は15とか言っていた。その写真屋には前にも行ったことがあるが、

福沢と写真屋の娘

ちょうど雨の降る日、私が一人で行ったところその娘がいたから「お前さん一緒に撮ろうではないか」というと、アメリカの娘だから何とも思いはしない。「撮りましょう」と言って、一緒に撮ったのである。

この写真を見せたところ、船中の若い士官たちは大いに驚き悔しがるばかりだった。

というのも、これをサンフランシスコ滞在中に言うと真似をする者が出てくるので、ハワイを出港してもう何もできないという段になって見せたのである。

解説

若い男性というのは、いつの時代も女性の話をするのが大好きで、そういう若い男たちに対して、諭吉が一泡吹かせてやったという話のようです。

諭吉は、当時の男性としては珍しく遊郭に行くようなことは一切なく、一夫一婦制を唱えた人でもあります。

が、決して堅物だったというわけではなく、酒に目がないことは前述しましたが、いたずら好きな茶目っ気のある人物でもあったようです。

たとえば、福翁自伝にはこういうエピソードが出てきます。

洪庵塾にいたときのことです。同窓生に手塚良仙《てづかりょうせん》という江戸の医者の息子がいました。

この手塚は遊郭通いをしあまり勉学に励んでいませんでした。そこで諭吉は手塚を諭《さと》し、「今度遊郭に行けば坊主になっても仕方ありません」という証文を書かせました。

その後、手塚は俄然、勉学に励むようになりました。

諭吉たちは、これにはびっくりして、かえって面白くないということになり、一計を案じます。なじみの遊女からの恋文を偽造して手塚のもとに届けさせるのです。手塚はその手紙を読んで、また遊郭に行ってしまいました。諭吉たちがそれを咎め、手塚は坊主にされる代わりに酒や鶏などをおごらされたとのことです。

ちなみに、この手塚良仙という人物は、あの漫画家の手塚治虫の曾祖父にあたります。

74 軍艦を受けとるために再びアメリカへ

『福翁自伝』

現代語訳

慶応3（1867）年になってまた私はアメリカへ行った。

これで三度目の外国行。

正月の1月23日に横浜を出港した。

このアメリカ行きの経緯は次のようなものである。

先年、アメリカ公使のロベルト・エーチ・プラインという人に、幕府が軍艦を揃えるためにその調達を頼んだ。何回かに分けて渡した金は80万ドルに及ぶ。

文久3、4年の頃（1863～1864年）、富士山という船が一隻、完成し日本に寄こされた。

これが40万ドル。

ところがその後、何も音沙汰がない。

残りの軍艦はこっちから受け取りに行こう、ついでに鉄砲の購入してこようということになったのだ。このときの派遣団の委員長となったのが小野《おの》友五郎《ともごろう》。勘定吟味役《かんじょうぎんみやく》という、勘定奉行の次に高い役職に就いていた。

私はもう一度アメリカに行ってみたいものだと思い、小野の家に何度か行って頼んだ。「どうぞ一緒に連れて行っていくれないか」と言うと、「連れて行こう」ということになり、小野に随従《ずいじゅう》することになった。

このときはアメリカと日本の間に、定期航路が開かれたばかりで、最初に就航したのはコロラドという船だった。前回アメリカに行ったときには、小さな船で37日もかかったが、今回のコロラドは４０００トンの快速船で、船の中の一切が実に極楽で、22日でサンフランシスコに着いた。

着いたけれども、今とは違ってまだサンフランシスコに鉄道がない時代で、パナマに回らなければならない。サンフランシスコに2週間ばかり滞在して、太平洋汽船会社の別の船に乗り換えてパナマに行って、鉄道に乗って地峡を越え、大西洋側に出てまた船に乗った。３月19日にニューヨークに着き、その後、ワシントンにおもむいて宿をとった。

小野友五郎

とりあえずアメリカの国務卿（国務大臣）に会って、例の金の話を始めた。

そのときの話をすれば、当時の幕府の様子がよくわ

小野らがアメリカで購入した軍艦ストーンウォール号

かる。

出発するときから、お金の受取証がなければならないということはわかっていた。しかし、きちんとした受取証はなく、ちょっとした紙切れに10万とか5万とか書いてあるものが10枚もある。その中には三角の紙切れにわずかに何万ドル請け取りと記して、ただプラインというサインが書いてあるのが何枚もある。

何のためのお金をどうやって受け取ったというような契約書も何もない。ただ金を受け取ったというだけの印のものである。

金を渡した証拠としては非常に薄弱で、無証拠と言ってもいいほどだ。そのため、出発前にこのことでずいぶん議論をした。「かえってこれがいいのだ、こっちはアメリカ公使というものを信頼しているのだから」「いやアメリカの公使を信じたのではない、日本の政府がアメリカの政府を信じたのだ」等々。

しかしアメリカについてこの話をすると、すぐに前の公使のプラインが出てきて、あっけなく「船を渡してもいいし、残金を返してもいい」と言ってきた。

それを聞いて一同は安心し、めぼしい軍艦を見て回った。

「これがよかろう」と言って、ストーンウォールという甲鉄船（日本の名は東艦《あずまかん》）を買うことにし、そのほかに小銃を何百挺か何千挺か買い入れたけれど、まだ金は7、8万ドル残っている。これはアメリカ政府に預けておくことにした。

しかし、この船が日本に回航されたのは明治元年、すなわち明治政府になってからである。このときのことを後で、由利公正さんに聞いたところ「どうもあのときの金を払うのは誠に困った、明治政府には金がない。どうやらこうやらやっと何十万ドルこしらえて払った」という。

私が「それは間違いだ。まだいくらか金が余っていてあっちに預けていたはずだ」というと、「そうか」といって由利は大変驚いていた。どこがどうなったのか、二重に金を払ったことになる。アメリカ人が取るはずがないので、どこかに舞い込んでしまったに違いない。

解説

諭吉の二度目の渡米は、「軍艦の受け取りと武器の購入の使節の通訳」として、でした。

この使節団の団長である小野友五郎は、当時、幕府の勘定吟味役でした。勘定吟味役は、幕府の財務役人の中ではナンバー2のポストです。勘定奉行が現在の財務大臣のような職務であり、勘定吟味役はその一つ下の財務事務次官のようなポストだといえます。

このときに購入されたストーンウォールという軍艦は、日本名で東艦と言い、戊辰戦争の真っただ中に日本に回航されました。旧幕府側、官軍側の双方が、この東艦を受け取ろうとしましたが、アメリカは戊辰戦争を日本の内戦と位置づけて中立の立場を表明し、両者への受け渡しを拒否しました。

その後、戊辰戦争が終結に向かったころ、アメリカは官軍を新政府と認め、東艦を引き渡しました。が、そのとき、明治新政府はアメリカ側に、すでに支払われたはずの購入代金を再度、支払ったのです。

諭吉は、日本が二重に払っていた軍艦の代金は、「アメリカ人が取るはずがない」と決めつけています。が、これをそのまま鵜呑みにするのは、少し危険です。

諭吉は、日本で最初の本格的な英語学校をつくった人物だけあって、基本的な発想が欧米びいきになっていたようです。

しかし、当時、欧米の商人たちは幕末明治の混乱のドサクサに紛れてかなり阿漕《あこぎ》な商売もしていました。

たとえば、日本が開国したばかりのとき、欧米の商人たちは日本国内での金銀の交換比率が、世界の交換比率と大きく違うことに目をつけ、日本の金を大量に国外流出させました。しかも日本側がそれに気づいて交換比率の修正を要請しても、なかなかそれに応じませんでした。

また明治初期に日本は鉄道建設のためにイギリス人の実業家H・ネルソン・レイに融資を受ける

ことになっていました。この融資はネルソン・レイが日本政府に利子12％で貸し付けることになっていましたが、実はレイは融資するお金などは持っておらず、日本政府の名前を使って勝手にロンドンで日本政府名義の利子9％の公債を募集していたのです。つまりレイは日本の公債を勝手に発行することで利ザヤを儲けようとしたわけです。レイは、日本政府は気づかないだろうとたかをくくっていたのですが、たまたま伊藤博文がロンドン・タイムズに出ていた日本公債の広告を見て発覚したのです（伊藤博文は英文が普通に読めました）。

そういう食わせ者の外国商人が、当時の日本にはけっこういたのです。

だからアメリカ側が、日本の内乱に付け込んで軍艦代を二重に徴収した可能性もないことはありません。もちろん、日本側の勘違いだった可能性もあります。

75 無茶な幕府の役人たち

『福翁自伝』

現代語訳

この二度目のアメリカ行のとき、私の身には穏やかならぬことが起きた。

というのは、私は幕府に役をもらっているが、いついかなるときも幕府を助けなければならないという気持ちはない。私の信条としては、まず「鎖国が嫌い」「古風の門閥主義が嫌い」で、この信条に反する者は皆、敵のように思ってしまう。

ところが私が幕府の状況をみたところ、まったく古風そのもので、少しも開国主義、自由主義ではない。

たとえば、長年、幕府の御用達の商人は三井《みつい》八郎右衛門《はちろうえもん》で、三井は政府の用だけじゃなく、役人たちの私用のことも世話をする慣例があった。今度のアメリカ行きに関しても、そうである。

渡米する役人たちは幕府からもらった手当金を洋銀のドルに替えなくてはならない。しかし、当時は洋銀の相場が上がっていた。

ある役人が、
「なるほど昨今のドルは安くない。しかし三井にはずっと前の安いときに買い入れたドルもあるだろう。その安いドルと交換してもらいたい」
というと、
三井の手代は平伏して、

開港後の横浜に出店した三井（「神名川横浜新開港図」国会図書館所蔵）

「かしこまりました。お安いドルを両替しましょう」

といって、幾らか割安にしてドルを持ってきた。

私はそばでこの様子を見ていてこう思った。

「どうも無茶なことをいう奴だ。金の両替をするのに、安いときに買い入れた金といって印がしてあるとでもいうのか。安いも高いもその日の相場で決まるものを、それを相場じゃない額にしろといいながら恥じる様子もなく平気な顔をしている。しかも、その人は普段は立派な士だという」

「また三井の手代も相場の理屈を知っているはずだ。ちゃんと知っていながら平気で損をしていて何とも思っていない。つまり、これは人に罪があるのではなく、世の風潮がそうさせているのだ。政府や役人が腐敗しているからなのだ」

解説

「安いときに買ったドルをよこせ」

というのは、今では笑い話のように聞こえますが、江戸時代当時はそういうことが普通にまかり通っていたのでしょう。

商人の方も、幕府役人の要望を聞くことは一見、大損しているようにも思えますが、これは賄賂という意味でもあったようです。江戸時代の商人は、幕府や藩の命令には逆らえませんでした。が、身分と職業は固定されていたので競争は少なく、しかも、税はあまり課せられませんでした。江戸時代の税収は農民からの年貢が主なものであり、商人は時々、御用金を納める程度で済んでいたのです。だから江戸時代の商人は、武士の機嫌さえ損なわなければボロい商売をしていたのです。

しかし、欧米の文明の凄さを目の当たりにし、「商人は自由に商売をし、国は経済の自由を妨げない」という思想を体感してきた諭吉からすれば、日本の社会制度はよほど頑迷固陋《がんめいころう》に見えたことでしょう。

このころから諭吉は日本の古い社会制度を改革することに情熱を燃やすようになり、幕府の上層部などとの対立も生じることになります。

76 洋書輸入で儲けようとする幕府に憤慨

『西洋旅案内』

現代語訳

この2回目のアメリカ行のとき、日本は国事多難であり、幕府は財政的に余裕がない。幕府は少しでも財政を好転させなければならず、新たに御国益掛《ごこくえきがかり》という役所ができた。

これは幕府の収益になることをいろいろ考えるという仕事である。

たとえば、江戸市中に新しく堀をつくって通行する船から運上《うんじょう》（税金）を取るとか、新川に入る酒に税を課す、江戸市中の糞尿を独占し肥料にしてその利益を幕府が得ようというようなことを立案、実行するのである。

これを聞いたある洋学者が、

「政府が業者を無視して糞尿を独占しようというのは、いわゆる圧制政府である。昔、アメリカ国民は本国イギリスが輸入品の紅茶に課税したことに怒り、貴婦人たちはいっさい茶を飲まず、茶話会の楽しみをやめたという。このたびはアメリカ人にならい、われわれも便を出すのを一切やめ政府を困らせてやろうじゃないか」

　ということを言って一同、大笑いをしたことがある。

　幕府はそういう状況だから、このアメリカ訪問使節団においても、御国益掛の人がいて「今後、日本では洋学が広まり原書の価格が上がるはずだから、今回、原書を買って帰って幕府の収益にしよう」という計画を持ち、その買い入れを私に命じた。

　しかし私はこれには承諾できず、次のように言った。

「原書買い入れは非常に良いことです。日本には原書が少ないので一冊でも多く輸入したいと思っていたところに、今回、アメリカで官金を使ってたくさん買い入れ、日本に持って帰って原価でどしどし売ってやろう、そうなれば誠にありがたい。できる限り頑張って安いものの適切なものを買い入れましょう。これでよろしいでしょうか」

「いや、そうではない。これは国の収益にするのだ」

「ならば、政府は商売をするというわけですね。私は商売の手助けをするためにアメリカに来たわけではありません。でも政府が商売をするというのなら、私も商人になりましょう。その代わり手数料を思うままにもらいます。いずれでもけっこうです。政府が買ったままの値段で売ってくれるのなら、私はどんなに骨を折っても本を吟味して値切りに値切って安く買ってきますが、政府が商売をするというのなら政府ばかりには儲けさせません。私も一緒に儲ける。いかがですか」

とねじり込んだ。

これはかなり大事になり、重役の歓心を失ってしまった。今、考えれば事の是非は別として、随身の立場でこういうことを言ったのは非常によくないことだと思う。

解説

幕末の動乱で財政が悪化していた幕府は、様々なものに課税するなどして税収をあげようとしていました。

そして渡米使節団でも「洋書をアメリカでたくさん買い込んでそれを日本で高く売って財政の足しにしよう」という計画が持ち上がっていました。

しかし、まともな教本もない中で英語を勉強してきた諭吉にとって、それは到底、承服できるものではありませんでした。

「今の日本人には欧米の書物が必要」

「できるだけ多くの日本人が欧米の書物に接して新しい文明を吸収すべき」

と思っていた諭吉は、幕府は洋書を国民に広く普及させるべきであり、洋書を高く売ることなどはもってのほかだったのです。

そのため、同行していた幕府の御国益掛の役人に噛みついてしまうのです。

当然、幕府としては諭吉を疎ましくは思うようになります。この渡米旅行中に、使節団の上層部は諭吉に「もうお前の役目は済んだから早く帰ったらどうだ」とまで述べます。さすがに諭吉だけを先に帰すことにはなりませんでしたが、帰国後、諭吉は幕府の役職を解かれてしまいます。

そうして時間ができたので、本書のもとになった『西洋旅案内』を出版するのです。

あとがき

2回目のアメリカ旅行（3回目の欧米旅行）から諭吉が帰国した直後、「明治維新」が起きます。

諭吉は、明治維新の動乱時には、官軍、旧幕府軍のどちらにも加担せず、ひたすら教育事業に邁進します。洋行する前から諭吉は英語塾を開いており、その塾はいよいよ盛況になっていました。英語を学びたいという若者が急増していたのです。

諭吉は教育の重要性をだれよりも感じておりました。

戊辰戦争のさなかにも塾の拡大のために資金を集め大名屋敷などを買い求めました。戊辰戦争当時、江戸にいた大名や諸藩の藩士たちの多くは国元に帰っており、江戸はすっからかんになっていたのです。その空いた屋敷などが二束三文で叩き売られていたのです。

現在、慶応義塾大学が東京の一等地の三田にあるのは、諭吉がこのときに大名屋敷を買い取っていたからなのです。

維新後、諭吉は官職にはつきませんでした。諭吉は、新政府の高官になっていた薩摩藩の寺島宗則なども懇意にしており、また新政府は洋行経験者を優先的に採用しており、諭吉もたびたび出仕を求められますが応じなかったのです。

諭吉は、幕末の動乱時期に「攘夷思想」を厳しく批判していました。外国を打ち払うなどというのは絶対に無理だということです。そして攘夷思想の急先鋒だった長州藩を非常に嫌っていました。その長州藩が中心になってつくった新政府などには仕えられないということだったのでしょう。

ただ、明治新政府と敵対関係だったかというとそうでもありません。

厳しく批判するときもありましたが、協力している場面も多々ありました。

諭吉がつくった時事新報という新聞社も、もともとは政府の公報誌をつくることを打診されたことが契機になっています。

伊藤博文や井上馨、大隈重信などから熱心に依頼され、最初は断っていたのですが、「いずれ国会を開設する」ということを打ち明けられ、そのために政府に施策を国民にわかりやすく知らせる公報誌をつくってほしいと言われたので、引き受けたのです。

が、明治14年に起きたいわゆる「明治14年の政変」で、伊藤博文と大隈重信は訣別します。「明治14年の政変」というのは、当時、北海道の官営事業払い下げで不正があったことが新聞に報じられたのですが、その情報を新聞社にリークしたのは大隈重信ではないかと、政府内で疑われ大隈が失脚してしまったというものです。当時、憲法の草案を巡って伊藤と大隈の両氏は対立し、大隈は政府内で孤立気味になっており、そのために、新聞社にリークしたのではないかと疑われたのです。

この「明治14年の政変」では諭吉も、「大隈重信と結託している」などと世間で風評されるなど煽りを喰ってしまいました。

そのため、政府公報誌発行の話は立ち消えになりました。しかし諭吉は新聞発行の準備はしていたので、それを生かして「時事新報」を作ったのです。

また諭吉は官職にはつきませんでしたが、ご存じのように文明開化に大きな働きをします。『学問のすゝめ』では、人は本来、みな平等であるということと、教育の大切さを説き、当時の社会に大きな影響を与えました。

諭吉は、その経験を生かして西洋のことを世の中に広く紹介した人物でもあります。

実は、筆者は福沢諭吉の功績を今の世に伝えたいとか、歴史的に重要な事柄を記したいというつもりで本書を制作したわけではありません。仕事でたまたま福沢諭吉の『西洋旅案内』を読んで、あまりに面白く、これを多くの人に楽しんでもらいたいと思ったことがきっかけです。

もし本書を読んで、福沢諭吉と一緒に１５０年前の世界旅行をしているような気分になっていただければ、筆者としては本望です。

２０２１年　初夏　　著者

◎底本とするもの

『福澤諭吉全集 第2巻』(「西洋旅案内」「西洋衣食住」) 岩波書店
『福澤諭吉選集 第1巻』(「西航記」) 岩波書店
『福翁自伝』 校訂・校注 土橋俊一　講談社学術文庫

◎参考文献 (右記以外)

『福澤諭吉全集』 福澤諭吉著　岩波書店
『福澤諭吉選集』 福澤諭吉著　岩波書店
『福澤諭吉の亜欧見聞』 山口一夫著　文化総合出版
『福澤諭吉の亜米利加体験』 山口一夫著　文化総合出版
『幕末遣欧使節団』 宮永孝著　講談社学術文庫
『咸臨丸、大海をゆく』 橋本進著　海文堂出版
『幕末軍艦 咸臨丸 上下巻』 文倉平次郎著　中公文庫

訳者紹介
武田知弘（たけだ・ともひろ）
1967年生まれ、福岡県出身。
出版社勤務などを経て、フリーライターとなる。
歴史の秘密、経済の裏側を主なテーマとして執筆している。主な著書に『ナチスの発明』『教科書には載っていない　大日本帝国の真実』『教科書には載っていない　大日本帝国の国家戦略』（いずれも彩図社）、『ヒトラーの経済政策』『大日本帝国の経済戦略』（祥伝社）などがある。

扉ページイラスト：大塚砂織

福沢諭吉が見た150年前の世界『西洋旅案内』初の現代語訳

2021年7月21日　第1刷

著　者　福沢諭吉

現代語訳　武田知弘

発行人　山田有司

発行所　株式会社彩図社
〒170-0005
東京都豊島区南大塚3-24-4 MTビル
TEL：03-5985-8213　FAX：03-5985-8224

印刷所　シナノ印刷株式会社

URL：https://www.saiz.co.jp
Twitter：https://twitter.com/saiz_sha

ISBN978-4-8013-0536-6 C0021